内容提要

本书对美国、日本、澳大利亚、印度、越南、菲律宾、韩国7个国家的外交、军事政策与海权战略作初步探讨，形成一系列具有重要参考价值的学术成果。

图书在版编目(CIP)数据

周边国家海权战略态势研究/倪乐雄主编.—上海：上海交通大学出版社，2015
ISBN 978-7-313-12593-4

Ⅰ.①周… Ⅱ.①倪… Ⅲ.①制海权—海洋战略—研究报告—世界 Ⅳ.①E815

中国版本图书馆CIP数据核字(2015)第015917号

周边国家海权战略态势研究

主　　编：倪乐雄
出版发行：上海交通大学出版社　　地　　址：上海市番禺路951号
邮政编码：200030　　电　　话：021-64071208
出 版 人：韩建民
印　　制：杭州富春印务有限公司　　经　　销：全国新华书店
开　　本：787 mm×960 mm　1/16　　印　　张：14
字　　数：160千字
版　　次：2015年12月第1版　　印　　次：2015年12月第1次印刷
书　　号：ISBN 978-7-313-12593-4/E
定　　价：50.00元

序　言

中国海权战略的当代转型与威慑

从世界文明发展史来看，相对而言，海洋文明是历史上最具活力和创造性的文明，它们经常地扮演着历史火车头的角色。因为海外贸易与强大海权支撑的基本社会结构，保证着这种开放性社会与外部异质文明世界的接触、交流、碰撞、融合和互动，不断刺激着社会的想象力和思维力，从而形成精神创造和物质创造的肥沃土壤。于是，我们看到，在海外贸易和强大海权搭建的平台上，自然科学、人文科学、文化艺术，以及从精神到物质的全面繁荣。如雅典的海权之于数学、几何学、医学、哲学、悲剧艺术、人体雕塑、奥林匹克运动和以帕特农神庙为代表的建筑艺术；威尼斯的海权之于手工作坊的兴盛和文艺复兴运动；英国的海权之于工业革命、启蒙运动、小说创作和浪漫主义诗歌；美国的海权之于诺贝尔奖、航天技术乃至好莱坞电影等等。到21世纪的今天，海权对人类文明的重要性，已经越来越被更多的人们所认识和关注。

一、海洋战略与海权战略的区别

近年来在讨论中国海洋发展问题时，海洋战略与海权战略两个概念时有混淆、互为指代，故而在展开讨论前，先给予辨析澄清。海底石油、天然气、海洋渔业资源、生物资源、旅游资源的开发和利用实际上是产业行为，由于学界近些年来对“战略”一词有着特殊的偏爱、也许传统尚武精神转移到了中国学者群，导致“战略”一词被普遍地滥用，以致开个酒店、规划一个旅游景点都上升到战略的高度，在笔者看来，时下流行的海洋战略中的绝大部分内容仅指产业和企业的开发计划，只是冠以军事术语而已。

严格地说来，只有国防军事领域的规划才是真正意义上的战略。滥用“战略”一词的后果之一，就是将国家层面的海洋战略与军事层面的海权战略经常性地混为一谈，因此笔者首先大致界定：海洋战略是一个濒海国家对海洋利益宏观的规划，包括经济、外交、政治和军事等方面，是对这几个方面的统筹考虑和计划。海权战略是指一个国家在军事上执行海洋利益方面既定的经济、外交和政治方针。本文所探讨的问题主要在军事方面，以及军事层面的海权战略与国家层面的海洋战略之间的关系。

二、中国近现代“海防”问题的由来

近代以来，中国的海权战略以“海防”的形式出现，其不变的核心内容是防止外部从海上入侵本土，因为中国是农耕社会，依赖耕地而生存，自产自足无需依赖本土以外而生存。相反，外来的商业贸易并非必需，而且商业利润最大化倾向无论在思想观念上和现实生活中都可能对正常的农业社会秩序产生颠覆性的冲击，因而中国古代政府一向对商业采取指令性管理，以控制其规模，古代海军（水师）在平时兼有稽查海外走私的功能，虽然表面上是国家的海上军事力量，实际执行的是控制社会内部的职能。

近代典型的西方海洋国家如荷兰、英国的生存基础与中国农耕社会是完全不同的类型，它们的生存依赖海洋贸易，“外向型经济”是其国家主要经济形态。海洋国家的生存依赖本土和本土之外某地区构成稳定的、特殊的经济结构，一旦这种经济结构遭到破坏，国家生存便受到严重威胁。

于是，海洋国家的国防任务就是保卫本土与海外地区建立的经济结构，包括本土连接海外的“海上生命线”，海军军种不仅构成国防力量的主要成分，而且根本上是国家生存的成本投入，如同陆军军种是内陆农耕社会生存的成本投入一样。这就决定了海洋国家的国防范围必然越出本土，军事力量必须保障自己的“海上生命线”和投送到关系本土生存的海外重大利益区域。海洋国家这种超越本土的“远距离防御”在外部世界看来，尤其是非海洋国家看来是为经济利益扩张和随之而来的文化扩张服务的军事侵略。

17 世纪以来，随着西方世界航海技术的进步和资本主义的兴起，西方国家向东方的海上贸易逐渐发展为近现代殖民主义的持续侵略扩张。作为古老的农业国家，中国社会从政治、经济、军事、外交和意识形态各个方面产生对西方国家的天然抵制。因此，在明末清初开始，当长期威胁中原地带的北方草原地带传统入侵威胁解除后，中国的军事领域产生了前所未有的海防问题——防止来自海上的入侵，并且持续了一百多年，从根本上讲，这种海上威胁来自西方向亚洲持续了数百年的殖民主义运动。

三、中国当代社会的转型和“海上生命线”的出现

在 20 世纪 80 年代“改革开放”之前，中国的海权战略继承了明代“倭寇”以来的海防核心观念，即防止来自海上的外部军事入侵。从明代戚继光、俞大猷防范“倭寇”，到晚清“洋务运动”建立水师，再到民国期间的海军建设，海防观念可谓“一以贯之”。1949 年新中国成立后，毛泽东也发出号召：“为了反对帝国主义的侵略，我们一定要建立强大的海军。”由于二战结束后，世界很快进入冷战时代，以美国为首的西方国家对我国采取敌对态度，实施经济封锁，我们在国民经济发展和工业化建设上采取的是“独立自主，自力更生”的方针，因而在改革开放前，我国初步建立了本土自成体系的、不依赖国际社会的初具规模的现代工业化体系。所以，国家工业化已初具规模，但经济形态方面还是继承了数千年农业社会的“内向型经济”传统，无论工业还是农业，原料还是产品，基本都在本土获取和消费，并不依赖海外市场。

因为是独立自主的“内向型经济”，便没有西方海洋国家在“外向型经济”的动力下发展远洋海军的强烈需要，捍卫本土的工农业生产体系是国防的主要考虑。海陆空三军的国防任务就是防止外部敌人从天空、海上、地面对本土的侵略和破坏。这样改革开放前的新中国国防在维护“内向型经济”方面继承了中国古代的国防传统，也就是几千年一以贯之的“陆权主义”传统。体现在海权方面，海岸线水域的防御只是陆上防御向海洋伸出的触角。海军战略部署是“近岸防御”和“近海防御”，与古代海军传统大致无二。

20 世纪 80 年代开始，中国迅速转入以改革开放为标志的经济建设轨道。在短短三十年时间里，我们在同世界交往、学习、模仿和赶超中，国家经济基本上融入世界体系，生产原料和产品市场以及能源都严重依赖进出口，“内向型经济”已转型为史无前例的依赖海洋交通的“外向型经济”，我们的经济生存方式发生了根本性的转型，变成类似古代雅典、迦太基，中世纪威尼斯和近现代荷兰、英国等的经济生存方式，中国历史上首次出现了“海上生命线”的问题，以及关乎本土生死存亡的海外重大利益区域问题。总而言之，我们在改革开放三十年中不知不觉由传统农耕国家变成了现代海洋国家。

四、中国的国防和海权战略的转型

欧洲文明的历史经验反映了海权发生的规律：依赖海洋通道的“外向型经济”生存状态一旦出现，必然召唤强大的海权。在弱肉强食的霍布斯文化笼罩的世界里，炮弹跟着金钱走，舰队跟着商船走。在霍布斯文化尚未退出历史舞台的今天，当中国的经济生存形态转型为“外向型经济结构”时，中国的海权战略面临两个挑战：一是传统的“防止海上入侵”的能力在常规战争层面尚没有完全具备（目前本土不被军事入侵根本上依赖核武器威慑）；二是新出现的“海上生命线”和“海外重大利益地区”的保护问题。而以往的海军战略“近岸防御”和“近海防御”则远远不能满足第二项任务的需要，被迫将转向“远洋防御”。

此外，就整个国防性质而言，国防第一任务就是捍卫国家的经济生存，和历史上所有的海洋国家一样，中国国防的范围有史以来第一次越出了本土，覆盖本土之外的“国家海上生命线”和“海外重大利益地区”。这种由国家经济生存方式巨变带来的国防转型不仅要求建立强大的远洋海军，而且根据现代战争的特点，还将需要与“远洋防御”相匹配的其他军、兵种。

当前以东海钓鱼岛、南海的南沙群岛为焦点的领海主权争端，让传统领海主权受到不同程度的侵害，中国海权战略的一个重要功能，就是对我国传统主权海域的保护，也包括遏制“台独”，并保障领海和经济专属区内的各种资源开发安全。虽然，这些争端导致同越南、菲律宾、日本等国的紧张关系，但从长远来看，当前引人注目的传统海疆争端并非中国海权战略的主要隐患，主要的长远隐患是危及国家生存的“海上生命线”和涉及国家稳定的“海外重大利益地区”的安全。在“国家海上生命线”上潜伏着来自美国、日本、印度的军事威胁。

五、康德文化和霍布斯文化并存状态下的海权困境

从最经济最理想的角度而论，海洋国家的“海上生命线”最可靠的保障是世界进入康德永久和平的体系，以此为目标，当今国际社会体系中的各主要大国应自觉地抛弃与之目标相悖的各种“私利”，担负起建立世界永久和平秩序的责任。包括中国在内的各大国自身的海权保障应建立在世界永久和平的建设上，而不是依赖于传统的军备竞赛和海上军事力量的强大。然而，诚如霍布斯所说：“自然状态下的人与人之间的关系，本质上是每个人对每个人的战争关系。”所谓自然状态即无政府状态，推至国际社会，由于联合国不具有世界政府的权威，目前乃至长远而论，国际社会仍将处于无政府状态，联合国协调机制相当得有限，某些大国一旦涉及国家重大利益，甚至绕开联合国一意孤行，如美国推翻萨达姆的第二次海湾战争。因此，霍布斯的观点也可表述为：自然状态下的国家与国家的关系，本质上也是战争关系。在国与国之间，和平手段用尽后诉诸武力的现象还将持续下去。因此，如果中国没有强大的海军、不具备超越本土的“远洋防御”能力，将来恐有灭顶之灾。用康德永久和平的观念来指导霍布斯时代的行动，我们将犯时代性错误。

当我们按照传统的海洋国家途径来制定海军战略时，我们会发现很快陷入困境，因为这将引起周围国家和当今强国的不安，它们也将加强自己的海军建设，甚至联手对中国进行遏制。美国战略重心东移亚太就有明显的组织海上军事同盟以遏制中国的趋势。所以按传统现实主义战略思维，不顾一切地发展海军，既有可能引发地区军备竞赛，竞赛的结果也很可能是，因周边国家或潜在对手同步增长，海军力量同原先比没发生多少变化，而维持军力的负担反而大大加重。与此同时，按照这种传统的现实主义战略走下去，将与我们“和平崛起”的愿望渐行渐远，

而离全方位冲突越来越近。于是,我们陷入了两难困境。

面对世界这种现状和前景,面对两难的困境,中国海权战略应有两手准备,在致力于世界和平发展的同时,也要建设强大的海军力量以应付未来可能的不测。在具体实施过程中,我们所要做的是:如何在建设符合我们需要的海军力量时,又不会引起他国的不安全感。中国未来的海军既要做好迎接康德永久和平来临的准备,又要作好应对霍布斯弱肉强食卷土重来。

六、"和平崛起"走向决定中国海权战略的选择

中国正在崛起,至少在当下和愿望上向世界真诚地表达着和平崛起的愿望,中国深刻地反思着历史上,特别是西方近现代历史上大国崛起的经验和教训,显然地想竭力避免自己的崛起成为新一轮的世界大动荡。然而,中国能否"和平崛起"首先取决于内部环境,由于几千年的极权主义文化传统,中国社会权力结构和经济结构始终在平等和公平方面存在较大的缺陷,如果社会转型将这种致命的缺陷继承并固化为现代社会结构,那么中国社会将在这种结构所产生的不可避免的内耗中,止步不前,即便是勉强地挣扎着崛起,从内部来讲就不是"和平崛起"。不平等社会结构的国家是带着剧烈的内部冲突和外部冲突崛起的,宛如一个火药桶,随时引爆崩溃,如隋炀帝的帝国就属此类。"和谐社会"与"和谐世界"本质上是一致的,它们基本原则就是平等与公正。外交是内政自然和逻辑的延续,由己及人,由内及外,一个内部缺乏平等和公正、不和谐的国家是不可能给世界带来和平的。

当中国克服千年传统带来的文化、制度的痼疾,成为一个内部比较和谐的社会后,是否能够和平崛起?这也不完全取决于中国自己的愿望,很大程度上是取决于外部环境,以及中国与外部世界的互动,取决于历史经验和传统惯性对人们的暗示强度。

以往海权大国崛起无一不是通过武力，这一切成为某些外国想象中国未来崛起的内容，而中国建立必要的远洋防御性质的海军，似乎让历史经验的暗示同未来内容的想象得到了某种程度的证实。

面对外部世界对中国的疑虑和不信任，可能会出现两种结果：一是中国竭力以行动证明自己不走传统大国的老路，最终以真诚赢得外部世界的信任，具有和平诚意的中国与信任中国的外部世界进行良性互动，从而实现和平崛起。二是中国尽最大诚意和努力之后仍然无法赢得外部的信任，被迫与外部进行敌对互动，被迫放弃和平崛起而按传统海权大国方式行事。显然，这两种可能性都存在。所以，中国能否和平崛起并不完全取决于自身的努力，至少一半尚需外部的配合。这两种可能性对中国海权战略的选择将产生截然相反结果，也会对亚太和全球产生截然相反的深远影响。

特别强调一下，外部世界的疑虑，尤其是西方国家的疑虑，是几百年来东西文明交往中，由"炮弹跟着金钱走"、"军事跟着贸易走"的西方"师傅"带出了自己的东方"徒弟"后，以自己不光彩的过去来揣摩、想象东方"徒弟"的未来作为，并因此而产生了焦虑和遏制的念头。

七、高端科学技术赐予中国海权发展的机遇

有一种观点认为：从地理位置和特征看，中国中西部处于亚洲内陆、东南濒于海洋，属于陆海兼备的复合型国家，海权和陆权应并举。事实上，一个国家海权和陆权的属性并非由地理位置决定的，中国东南诸省濒临大海，有着一万八千公里的海岸线，但几千年来并没有成为海权国家，而属于内陆农耕性质的内陆国家。日本国由海上一连串大小岛构成，但在明治维新前，并没有像古希腊城邦国家那样成为海权国家，在很长的历史时期

内和中国一样，属于封闭型的农耕社会和崇尚陆权国家。可见，地理位置在决定国家海权还是陆权属性方面固然重要，但并非决定性因素。

西方文明的历史表明："依赖海洋交通的外向型经济结构"才是滨海国家成为海权国家的根本原因，当然，也是一个海权国家海军持久发展的根本动力源。这也就不难理解中国古代历史上曾不乏强大的海军(水师)，但都是昙花一现，转瞬即逝。近代"洋务运动"打造的北洋海军，仅仅是为了抵御来自海洋方面的军事入侵，而非出自国家长久的生存需要。改革开放后三十年，国家迅速转型成"依赖海洋交通的外向型经济结构"的现代海洋国家，虽有"海上生命线"之虑，但却获得海军发展的持久动力源。

中国海权发展的另一个机遇是军事高科技发展到精确制导的时代。当年法国大革命后有可能成为世界一流强国，然而，法国东面要对付陆上强国俄罗斯、普鲁士、奥地利，西面要对付海上强权英国，来自陆地和海上的威胁迫使法国同时要具备强大的陆军和强大的海军，而那个时代的军事技术不能做到"海陆互借"，海军强大并非意味着陆军强大，陆军强人也不意味着海军强大。法国资源有限，不足以同时应付海陆两方面的压力，拿破仑又不自量力地两个拳头同时向海陆出击，结果在七次同反法联盟的战争中遭受巨创，沦为二流国家。

近现代中国的地理位置和战略环境酷似法国，一方面要对付来自日本的海上强权，另一方面要对付来自俄罗斯的陆上强权，国力则无法应付，因而有晚清王文韶"塞防"、李鸿章"海防"和左宗棠"塞防海防兼顾"之争议。不仅反映了当时财政上捉襟见肘，也反映当时海军装备与陆军装备无法"兼容"。

21世纪科学技术发展日新月异，军事技术、武器装备和作战手段比过去任何一个时代都接近于陆海空军兵种的“相互兼容”。常规作战制空权决定一切，制信息权又决定着制空权，陆海空战场均以精确制导的导弹攻击为主要作战手段。精确制导武器系统不仅决定大气层外航天对抗和大气层制空权对抗的胜败，也决定陆战和海战的胜利。陆、海、空三军种高端武器作战系统和作战样式已经高度兼容，这就大大降低了中国国防的成本，摆脱上两个世纪因地理位置原因海陆不能兼顾的究竟。这是今天的科学技术赐予我们的良机，也是赐予中国海权发展的机遇。

八、中国海权战略的现实应对——威慑姿态

从美国2012年夏天高调介入南海，日本、越南、菲律宾与中国发生的海疆争端来看，这些国家仍然受传统“合纵”型战略思维支配，本质上是霍布斯原则指导下的战略行为。因此，中国必须暂时放下理想主义，以现实主义的态度应对之。

目前东海、南海争端的实质是中国崛起的身份与传统海疆主权长期被侵占的现实严重不相称，中国要恢复对传统海疆行使主权，驱逐侵占国。由于长期对海疆被侵占反应软弱，这些年迅速变得强硬起来后，却被外部世界认为是中国海上扩张的不祥之兆。这种冲突比较尖锐，历史上国家崛起的标志是：不是你的东西成为你的东西，哪有崛起的国家任凭老祖宗留下的东西任蕞尔小邦肆意蚕食？历史经验的暗示和“海上生命线”、“海外重大利益地区”的现实焦虑已经使得中国产生“远洋防御”的强烈冲动，而本土传统的主权海域却在被蚕食，这种现象是绝对不能容忍的，也是海权战略上不能接受的一种势态。要使远方的路畅通，岂能不搬掉家门口的绊脚石？

也许，当今海权强国美国才是中国海权战略真正的对手，这点是心照不宣的。由于政治上的互不信任和对未来的猜疑，必然带出军事上的防范和海权战略的碰撞。中美海权战略冲突的实质是:中国发展合理的、必要的符合国家利益的合理、必要的远洋海军同美国要保持以往海军绝对优势之间的矛盾。这种矛盾即便不是你死我活也是难以调和的,双方都不会轻易让步。其发展趋势必然是双方时缓时紧的军备竞赛。由于两国都拥有核武器,交战代价与实际利益收获太悬殊,因而真正发生兵戎相见的可能性不大,而往往以持续的可评估的威慑相对峙,并以这种可评估的海上威慑来影响双方的利益调整。比如希拉里在2010年5月以切断中国海上能源供应线向中国发出警告。

尽管建立强大远洋海军,很大程度上倒不是用于作战的,更多是发挥实际的威慑作用,以便捍卫国家海上利益和震慑潜在对手及其周边觊觎者,所以,我们不能吝啬军费开支,维持强大海军的经费一定远远少于因国防不强而被迫进行的战争消耗。

九、当前中国海权威慑方向及战略任务

如果周边国家以霍布斯丛林原则与中国打交道,那么,以传统现实主义观点来看,南海的地缘政治将决定中国未来的生死存亡,而不仅仅是海洋资源的问题。如果我们丧失了南海,经济上将损失巨量的海底石油、天然气和海洋渔业等资源。在交通方面,南海作为我国“海上生命线”可控部分亦将失去。在军事方面,我国将失去广阔的国防战略纵深,国防线将被压缩至海南岛一线。从亚太海域战略形势而论,一旦美国、日本和印度三国海军联手,中国海上南大门将被关死。从军事斗争着想,未来的形势不容乐观。

如果没有一支强大的海军,那么上述弱点将在与外部敌对势力冲突时被对手充分利用,而且已经在外交方面不止一次地被对手作为压制我们的筹码。未来主要的威慑方向是在南海,强大的海军不仅要保卫传统的南中国海域,还要随时驶入印度洋以遏制对我国“海上生命线”和海外重大利益地区的各种威胁。在黄海和东海，海军除继续执行在海上拱卫京畿重地和警戒台海外，北海舰队还兼有协助东海舰队的功能，东海舰队除了北上协防配合北海舰队外，还有南下协助、增援南海舰队的职能，当南海舰队全部进入印度洋执行作战任务时，东海舰队具有填补南海舰队原防区的能力。此外，三大舰队还需具有临时抽调、混合编组执行远洋作战任务的能力。

我们要预防出现最严峻的外部形势。美、日、印、澳加上东南亚愿意依附的越南、菲律宾等小国形成海上军事联盟，一旦形成这种战略对峙的态势，除了动用政治、经济和外交手段分化瓦解外，军事方面，我们的战略威慑优势是背靠巨型半岛大陆，借助岸基空军和导弹的掩护，处于内线作战的有利位置，外部海上松散之敌对联盟处于外线作战不利位置，我们可集中兵力各个击破之。

强大海军的建立可改变对周边国家的战略态势。以对越南为例，自古以来都是从陆上山地强行进入其境，越北部崎岖山地，沿着细长的腹地延伸，后方补给困难重重，前进难以为继。而强大海军一旦在海上展开，地形上犹如丝瓜面对快刀，可在其细长之海岸线任意一点登陆，其北方与我云南、广西接壤的巨型“头部”地区立刻陷于陆上被合围的困境，从而改变千百年来传统中越军事态势，强大的中国海军将使越南在北部军事部署上进退失据、手足无措。这一“以海遏陆”地缘军事战略态势无疑会影响其战争与和平的外交选择。

此外，在东海方向，一旦台海有变，强大的海军可兜围台湾，并随时威胁日本南方诸岛，亦可游弋于太平洋心脏地带。在印度洋方向，除掩护我国“海上生命线”外，可从海陆夹击印度。如果中国海军具备这样的威慑能力，那是分化和挫败美国在亚太拼凑遏制中国海上军事同盟最有效的军事手段，将使周边国家考虑依附美日海上军事同盟时，不得不有所顾虑。

上述海军战略威慑并非为了争夺海上霸权，也非认定未来与某些国家“必有一战”，而是出于捍卫国家安全和维护地区和平必要的考虑，是和平外交必须的后盾，也是建立和谐海洋、和谐世界的必要手段，甚至是和平事业的一部分。因为，自古以来，有文事必有武备。文武之道，一张一弛，不可废武而求和平。任何形式的和平都是以暴力为基础的。即使孔子推崇备至的“周公吐哺、天下归心”的和谐世界，也需“西六师”、“成周八师”、“殷八师”来维护。对于当下和未来，我们决不可迂腐地以理想主义颠覆人类和平的历史规律。

目　录

第一章　太平洋海权角逐的传统与现实(1633 — 2013)

倪乐雄

太平洋海域一直是反映世界海权强国的窗口。谁是世界海军老大，谁就在太平洋上耀武扬威，不论最初的西班牙、荷兰还是后来的英国、日本和美国。美国在太平洋地区拼凑对付中国的政治军事联盟的同时，为了避免卷入不必要的麻烦，也在一定程度上约束其盟友不要挑衅中国。美国目前在亚太部署的性质是：为万一将来开战，占据有利的前沿阵地，并用这种有利的战略前沿部署来制止中国使用武力。它既是战略态势层面的遏制，又是心理层面的威慑，也是未来可能的作战层面的前沿部署。

第一节　1633 年以来太平洋“话语权”的主角
——海上军事力量

公元 1633 年，明朝郑芝龙舰队与荷兰舰队(中国海盗刘香加盟其中）在金门料罗湾的决战，[①]奠定了当时太平洋东亚地区政治、军事、商贸格局。这可能是太平洋“安全模式”最早的历史“原型”，这一“原型”此后在不同时代反复展开。之所以要以1633年中荷料罗湾海战为时间起点，而非明代中日之间“露梁海海战”，以及更早的唐代“白江口海战”为时间起点，主要是以战争双方的动机和目的为划分依据，中日之战是传统的版图扩张性质，中荷之战是商业贸易性质而非传统领土兼并，与近现代太平洋海权之争性质相衔接。

清军入关南下后，一度促成中国民间海上军事力量来到海上，控制着东亚的制海权，如郑成功军事集团收复台湾，荷兰人退居巴达维亚。而早在1574年，西班牙人刚占领菲律宾不久，中国广东民间海上力量（史书称海盗）林凤率舰队与西班牙人在菲律宾展开争夺，终因武器装备的悬殊，以失败而告终。[②] 割据台湾的台湾郑氏几次准备夺取菲律宾，驱赶西班牙人，[③]终因受制于大陆清廷，最终彻底退出太平洋角逐。清王朝水师只具把守海上关卡、缉私捕盗的水上警察功能，中国再次成为完全保守的内陆农耕国家，为19世纪与西方冲突时，拱手让出制海权，并为西方国家轻易打开中国大门种下最初祸根。

在结束了太平天国内乱后，中国开始了“洋务运动”，组建了北洋海军，试图重新回到海上。在1895年“甲午战争”中，北洋

---

① （清）江日昇撰：《台湾外记》，福州：福建人民出版社，1983年8月第1版，第35页。

② ［澳大利亚］雪珥：《大国海盗》，太原：山西人民出版社，2011年6月第1版，第76页。

③ 最后一次机会是1883年6月。当施琅取得澎湖海战胜利之际，台湾郑氏集团在归顺和攻取菲律宾之间犹豫不决。（参见江日昇撰，《台湾外记》卷之十，福建人民出版社，1983年8月第1版，第346页、第348页。）

海军全军覆没,[①]日本在太平洋崛起。之后,在日俄战争中,日本在“对马海战”和围攻旅顺港过程中,全歼俄国在远东的海军,从而成为太平洋地区的海上强国,与英国和美国分庭抗礼,并对中国取得完全的海上优势。至第二次世界大战时,日本海军具有在中国漫长海岸线任意一点轻松地投送陆军和参与近海地区协同陆军作战的能力。

二战太平洋战区基本的作战模式是海军开道,陆军跟进,迅速促使政治、外交和经济版图色变。通过“马来海战”,日军动用西贡陆基航空兵击沉英国战列舰“威尔士亲王”号为首的Z舰队,有效掩护了马来半岛登陆作战。[②] 在东南亚扩张中,日本的海权有时由太平洋拓展到印度洋上,在缅甸作战时,海军充当了运输队的作用,将日军第56师团由海路运至仰光登陆,出其不意地攻入中国远征军后方,导致了中国远征军的全面崩溃,形成缅甸新局势。可见陆上战局的开拓和胜负,基础是制海权的掌控。

二战的太平洋战场制海权的争夺和海军作战是关键,[③]日本因偷袭珍珠港而一时占据上风,但中途岛海战日本海军遭受重创成了战争转折点。[④] 在战术特点方面,海军航空兵成为争夺制海权的主要手段,舰对舰抗衡已迅速让位于空对海攻击。

---

① 王家俭:《李鸿章与北洋舰队》(第10章第2节:北洋舰队的战败与东亚海权的易手),生活、读书、新知三联书店,北京,2008年12月第1版,第435页。

② [德]H·帕姆塞尔著,屠苏等译:《世界海战简史》,北京:海洋出版社,1986年,第218页。

③ 英国元帅蒙哥马利认为:“第二次世界大战从根本上看,是一场争夺海上航道控制权的斗争。”这个论断显然概括了二战太平洋战区的作战(见卡尔·邓尼茨著作《第二次世界大战中的德国海军战略》,上海人民出版社,1976年,第216页)。

④ [日]渊田美津雄、奥宫正武著,许秋明译,王绍坊校,《中途岛海战》,北京,商务出版社,1979年5月第1版,第4页。

海军支撑陆上作战是太平洋地区作战的常规模式。

战后朝鲜战争、台海危机、越南战争都和美国制海权的绝对优势有关。例如美国海军陆战队"仁川登陆"以及对陆上作战的支援，第七舰队进入台湾海峡以及美国制海权优势对大陆台湾长期分裂的格局影响，此外，还有美国对越南迅速和长期的干涉等。

粗略梳理一下300多年来太平洋上几次重要的政治军事格局形成和演变事例，基本可以归纳出几个重要规律：一、太平洋海域一直是反映世界海权强国的窗口，谁是世界海军老大，谁就在太平洋上耀武扬威，不论最初的西班牙、荷兰还是后来的英国、日本和美国；二、冲突的原因主要是各种经济性因素，[①]以及与之紧密相关的政治军事势力范围因素，也有意识形态原因，如在20世纪冷战时期；三、在重大利益发生冲突时，军事对抗很难避免；四、在太平洋地区军事冲突中，海军是决定性主角，没有强大的海军，在军事抗衡时，注定要处于绝对弱势和不利；五、在飞行器问世后，海上空中打击是获得制海权的主要战术手段；六、鉴于上述五个因素，海军在和平时期解决争端时，具有了可评估的威慑作用，并决定性地影响着太平洋地区政治、军事、经济、外交格局。

第二节　太平洋海权角逐的现实

一、当前两大潜在军事结盟趋向以及"同而不盟"的和平威慑作用

当前东亚太平洋地区的美日、美韩、美菲、美澳军事同盟是冷战时代的遗留物，现在功能已转向对付日益崛起的中国和俄

---

① ［英］富勒著，钮先钟译：《西洋世界军事史(第一卷)》，北京：军事科学院，1981年，第5页。

罗斯。除此之外,东亚太平洋地区还存在两个潜在的军事同盟趋向:一个是以上海合作组织为背景的中俄军事结盟趋向,一个是美、日、韩、澳、菲、印、新、越等海上军事结盟趋向。注意,这两大军事结盟趋向仅仅初露端倪、绰影绰现的雏形,或者有明显的趋势而已,目前处于"同而不盟"状态。

两大军事结盟趋向涉及的各方都以此作为威慑对方的重要筹码,以独特的"同而不盟"的状态对峙着,双方都各自定期举行各种规模的军兵种联合军演。这种威慑本质上是外交语言和外交表态方式,有时是针对热点问题,有时是表达基本底线,有时是表达介入程度,有时是针对性的试探,有战略性的,也有战术性的。

松散的"同而不盟"比结成牢固确定的军事同盟益处要多,后者将敌对关系确定化,大大压缩了回旋余地,下一步就必须直接为战争做准备了,缓和变得十分困难。如果事实证明战争是没有必要的,根本打不起来,那么国家人力,物力,财力,心力的浪费是巨大的。准备打一场事后被证明打不起来、也没有必要的战争,是导致苏联解体的重要原因之一。

"同而不盟"比起确定的军事同盟显得进退自如、游刃有余。"同而不盟"可防止潜在敌对关系升级为现实的敌对关系,从而将敌方确定化。另外,"同而不盟"是和平诚意的有力表达方式,表明一方并不想选择用战争解决问题,只是不得已的防范而已。"同而不盟"又是遏制潜在对手的强大威慑手段,具有防止对方神经过敏地误判形势而反应过激,具有阻止对方不走向明确对抗的作用,并能有效地把对抗和冲突控制在较低程度内。

中俄定期化的军演暗示美国,别逼人太甚,我们还有结成强大的军事同盟这招。美国同日本、韩国、菲律宾、澳大利亚等国,甚至同越南进行海上军演,也在暗示和警告中国在对抗方面不要走得太远，否则后面还有以美国为首的海上军事同盟这一重手。

这说明经过一次、二次大战和冷战后，人们发现确定的军事同盟无助于国际争端的和平解决，结成军事同盟的国家虽表面增加了安全系数，但同时也因增强了“底气”，态度强化，不易妥协而更容易走向战争。另一方面，传统结盟政策确有增强力量的现实效应，也是事实。于是两者之间的最佳平衡点就是“同而不盟”。这表明21世纪国际社会里，外交与军事相辅佐的日臻成熟和对同盟认识的进一步深化。

二、军事力量将以威慑为主，威慑作用远大于使用

两次世界大战发生在各国只具有相对独立的经济体系、常规军事武器时代，而20世纪末以来，全球化运动迅速在经济领域展开，潜在敌对势力之间军事外交对立，经济却高度融合、高度相互依存，加之核武器时代降临。由于当代世界是高度商业化的社会，当代思维主要特征之一是成本投入和效益产出的比较，核战争后果的事先评估，已将所有发动战争的传统理由和现实利益变得十分渺小和荒唐。

所以，正常情况下，有核国家之间很难发生大规模一决胜负的战争。倒是无核国家之间的好战性大大强于有核国家，比如朝韩、中东国家、无核时的印巴。印度和巴基斯坦在拥有核武器后，反而没打过一场战争，当两国没成为有核国家时，先后爆发过三次战争。

这一现象既是好事，也是坏事。一方面核武器有遏制战争的作用，另一方面，一旦有核国家双方下了战争决心，战争规模很难停留在常规阶段，尤其是常规军事力量较弱、在常规战场严重失利的一方，可能会很快将战争升级为核战争。2002年印巴冲突时，巴基斯坦总统穆沙拉夫派人递信给印度总理瓦杰帕伊，警告一旦爆发战争,印度别指望和巴基斯坦打一场常规战争,①弱势的巴方在常规战争还没开始前,就首先发出了核威胁。俄罗斯在北约东扩进逼时,曾恼羞成怒地扬言,必要时会考虑首先使用核武器。② 2010 年 4 月 6 日,美国国防部长盖茨公布《核态势报告》,未承诺不首先使用核武器。而且数年前,美国也曾扬言在常规战争惨败情况下会使用核武器。③

由于核战争与常规战争的距离近在咫尺,有核国家打常规战争的欲望大大小于无核国家,因此核武器对常规战争的爆发也具有极大的制约作用,这使得常规军事力量也更多地具备了威慑作用,不便轻易使用。由于科学技术日益先进,常规军事力量对抗也是可以预先准确评估的,这种评估结果同样影响着国家对外政策选择。

三、不可避免的太平洋地区军备竞赛及困境

可评估的常规军事力量影响对外政策和交往,各国必然加强国防军力,尤其关系长期紧张的国家必然会进入军备竞赛状态。实际上,自 1999 年以来,李登辉、陈水扁公开宣布搞"台

---

① 据中国日报网站报道,巴基斯坦总统穆沙拉夫 12 月 30 日,在一个空军老兵集会上称:"我个人通过每个前来巴基斯坦访问的国际领导人向印度总理瓦杰帕伊传递了一个信号:如果印度军队跨过国际边界或者实际控制线一步,他们不应该仅仅考虑到巴基斯坦会发起一场常规战争。"见 http://news.eastday.com/epublish/gb/paper138/66/class013800009/hwz855781.htm。

② "在刚刚通过的《军事学说》中明确规定,俄将对任何利用大规模杀伤性武器对俄罗斯及其盟国进行攻击的敌人,使用核武器进行回击;同时将在敌人使用常规武器威胁到俄罗斯及其盟友'主权和国家存在时',首先使用核武器进行打击。"(见《青年参考》,2010 年第 2 期,总第 1515 期)

③ 2002 年 3 月 9 日,《洛杉矶时报》报道说,五角大楼今年 1 月 8 日向美国国会递交了一份名为《核态势评估报告》的绝密文件,列出了美国需做"应急准备"的 7 个国家。其中第三条称:"应对'突发军事形势'。所谓'突发军事形势',是敌对方或恐怖组织对利用无法以常规武器加以抵御的新型武器对美国发动突然袭击。"

独”，就吹响了东亚太平洋地区军备竞赛的第一声号角。从大陆被搞得措手不及，匆忙从俄罗斯大量进口苏-27、现代级驱逐舰可以判断，台湾当局预先进行过军事评估，当时大陆没有掌控台湾海峡制空权，也就等于没有了制海权。当时台湾空军占据优势，如果美军介入，大陆在制空权和制海权更处于绝对劣势。接着是台湾大选，大陆导弹威慑，美军派遣两支航母舰队对大陆进行威慑警告。① “台海危机”刺激了中国军事现代化提前、全面、快速启动。②

进入21世纪，改革开放使得中国发生数千年未有之变化，“内向型经济”变为“外向型经济”，中国由传统农耕国家变成现代海洋国家，出现了史无前例的涉及国家生存和安全的“海上生命线”和“海外重大利益地区”③的问题。中国远洋防御能力远远落后的事实凸显了出来，建设强大海军的这一正当合理的需要变得十分迫切。海军现代化成为中国军事现代化的火车头。

中国海军急速现代化引起太平洋军事力量旧有格局被打破，一些潜在对手和非敌非友关系和与我们有边界争端的国家变得敏感起来，美国、日本、菲律宾、越南、印度、台湾地区，甚至澳大利亚的神经不同程度地被牵动起来。以美国、日本为例，原有对中国的海上军事优势正在失衡，必然和中国展开军备竞赛，

---

① （美）艾什顿·卡特、威廉姆·佩里著，胡利平、杨韵琴译：《预防性防御：一项美国新安全战略》，上海：上海人民出版社，2000年1月第1版，第99页。

② 方春生：《一个美国学者眼中的当代中国军事现代化——〈中国的军事现代化：进程、问题与前景〉一书介绍》，《当代中国史研究》，2005年第4期，120页。

③ 南琳：《第一届中国海权战略与国家安全学术研讨会综述》，《国际观察》，2013年第2期，第25页。

印度、越南、菲律宾、韩国、澳大利亚也间接地感到紧张。然而，中国并不会因这些国家的猜忌和神经过敏而放弃合理和必需的国防和海军现代化建设，而美国、日本也不会甘心原有平衡被打破，这种紧张和对峙会长期化，军备竞赛也会长期化，中国与美日海权战略冲突将不可避免地长期化。

目前各国军备竞赛刚刚起步，还未与国民经济建设发生严重冲突。但长期看，军备竞赛若不加节制，迟早会严重妨碍经济发展。当大家都感到吃不消的时候，主要各方就会坐下来进行限制军备竞赛的谈判，达成诸如“华盛顿海军协定”之类的暂时妥协。

联系国民经济建设，军备竞赛的结果可能出现三种情况，用比喻来说明：原来一日三餐情况下，对手和自己都是一杆枪，现在一日两餐，少吃一顿饭，增加了一杆枪，取得二比一优势；第二种情况是对手在刺激下也增加了一杆枪，二比二，还是均势，自己却少了一顿餐；第三种情况是对手增加了两杆以上，自己饿一顿肚子失去均势，反而处于劣势。比如，我们建造一首航母，结果美国、日本、印度各造一艘，一艘引出三艘。因此，海军现代化过程中要注意观察周边国家军备情况，要运用各种手段避免陷入第三种情况。现在美、日、印有海上军事结盟的趋向，故中国似有陷入这种困境的可能。

特别要指出的一点是中日关系出现了前所未有的复杂性，过去中国不存在“海上生命线”问题，现在迈入海洋国家行列后，中日两国的“海上生命线”重叠一致，谁能够完全维护自己的海上生命线，也就同时意味着对对方海上生命线的绝对控制。除非两国关系长期友好，一旦敌对，在太平洋至印度洋就构成有你没我的零和关系，这一现象将是触发两国展开海军竞赛的重要原因。

四、太平洋海上形势紧张的三大背景

中国南海、东太地区海上紧张局面基本由三大背景因素导致。首先是世界文明发展中心向边缘地带新一次历史性转移。历史上，文明发展中心不止一次向以往边缘地带发生转移，马其顿帝国在雅典—斯巴达轴心边缘崛起，罗马帝国在希腊文明边缘发生，不列颠帝国在地中海边缘出现，美国在世界边缘发展壮大，秦帝国相对中原齐、鲁等华夏正朔，起源西陲边缘西戎之地。[①] 21 世纪是欧洲文明视为边缘地带的“远东地区”的历史性崛起，号称“太平洋世纪”的到来，各种世界性矛盾也必将随之带入亚太地区，并且引发原来旧有矛盾。

第二个大背景是五千年文明传统的亚洲大国——中国由传统“内向型经济”成为“依赖海洋通道的外向型经济”的现代海洋大国，历史性地转身来到了海上，并把自己的国防安全也带到了海上，从而打破了太平洋海上军事力量原有的平衡。而历史经验已解释，海上军事力量才是决定太平洋事务的决定性因素。

第三个大背景是世界头号强国美国进行全球战略性调整，因为中国历史性地来到了海上，美国才将战略重点转移到亚太。以后美国全球军事部署将主要围绕太平洋地区展开，且主要对付潜在对手——中国。

鉴于上述三大背景，加之传统海疆、领海主权、海洋资源争端，长远观之，南海、东海很可能成为两口沸腾的大锅。对于中国来讲，现在处于日益强大崛起与传统领海主权被周边小国侵占之间的严重不对称和焦虑中。

以越南侵占开发南沙油田为例，当年南海舰队有一艘航母服役，越南就不会侵占和开发南沙油田，因为风险评估总是把最

---

① 《史记・秦本记五》记载：“其玄孙曰中潏，在西戎，保西垂。”

坏的情况考虑进去。当年越南侵占南沙诸岛行为是建立在中国战斗机、轰炸机无空中加油技术和没有航空母舰基础上，现在中国军力投送能力两项空白都解决了，原有的平衡被打破了，越方惶惶不安、中方跃跃欲试是很自然的，双方关系紧张是必然的，这是均势格局中“再平衡”规律在起作用。

五、中国海权战略三大任务

中国海权战略任重而道远，大致有三个方面的任务。一是传统的防止强敌从海上对本土的入侵。以美国为对手，常规海上力量是难以阻止这种入侵的，本土安全主要依赖核威慑和强大陆上军事力量。二是捍卫传统领海主权、收复被外国侵占的领海岛屿如南沙群岛、钓鱼岛等，扫清家门口各种历史遗留障碍的任务。三是要具备战时能够保障国家“海上生命线”和“海外重大利益地区”安全的能力，这是成为现代海洋国家后新增的战略任务和战略目标。第三个战略任务是长期而艰巨的。

中国海上军事力量威慑能力包括以下几点：一、阻止或袭扰美日海军南下增援台湾的能力；二、威胁日本本土的能力、切断日本海上生命线的能力；三、在越南海岸线上任意一点登陆的能力；四、对印度能够实施海陆夹击的能力；五、在菲律宾海岸线任意一点登陆的能力。

只有在军事上能够明确显示出上述能力，才是中国在太平洋地区顺利展开和平外交的可靠保障。从长远看，中国海军要追求的长远战略目标是具有向太平洋沿岸任意一点投送军力的能力，唯有具备这种能力，才可能在太平洋地区有真正的话语权。当然，具备这种能力和怎样使用这种能力以及真正兑现这种能力是三个不同性质的问题。

六、中美太平洋对峙格局分析

中美海上军事对峙是按以下逻辑展开的：20 世纪 90 年代

“台独”的出现和美国的强硬军事威胁，促成中国海军建设提前、快速、全面启动。反过来，中国海军建设启动刺激了美国的高度紧张，导致军事战略重心向亚太转移。再反过来，美国的战略重心转向亚太进一步刺激中国的海军现代化启动。这某种程度上是一种恶性循环。

罗马帝国与迦太基隔地中海对峙有点类似现在中美隔着太平洋对峙。第二次布匿战争起因迦太基攻取两国边界埃布罗河南岸自治城市萨贡托，[①]后者与罗马有同盟关系，属于罗马势力范围。虽然“太平洋有足够的空间容得下中美两国的发展”，事实上，要收复领海岛屿如台湾、南沙群岛、钓鱼岛有较大风险。现在的台湾、越南、日本、菲律宾都有成为美国的“萨贡托”的可能。美国为防止“多米诺骨牌效应”，可能在中国对任何一个具体目标第一次出手时，采取激烈的反应，即当年罗马帝国对萨贡托被占后的反应，哪怕没有同盟关系。这点可从当年苏联试探美国要对中国实施核攻击时，美国将核导弹对准苏联的激烈反应，即使那时中美尚处敌对状态。

美国目前虽有所谓“C型包围”模样，但从对“台独”、“黄岩岛事件”、“钓鱼岛危机”事件的态度来判断，暂时没有按照“我们必须在衰退前进行战斗”的“机会性战争窗口”逻辑行事，暂时没有发动一场旨在中断中国现代化进程的“预防性战争”的决心。原因有四：①中国并没有挑战它的核心利益；②也不愿冒同中国打一场核战争的风险；③在中国有它的巨大的经济利益；④不愿“为他人做嫁衣裳”。

所以，美国在拼凑对付中国的政治军事联盟的同时，为避免

① ［英］富勒著，钮先钟译：《西洋世界军事史（第一卷）》，北京：军事科学院，1981年，第135页。

卷入不必要的麻烦,具有约束盟友不要挑衅中国的作用。[①] 美国现在在亚太的部署的性质是:为万一将来开战,占据有利的前沿阵地,并用这种有利的战略前沿部署来制止中国使用武力,它既是战略态势层面的遏制,又是心理层面的威慑,也是作战层面的前沿部署。

将来,美国会视亚太局势紧张与否,向认为受到中国威胁的一些国家提供针对中国的飞机、军舰、雷达等军事装备,并把向这些国家提供军事装备当作与中国打交道的重要筹码。

七、中俄在太平洋上之联手

中俄两国在对待日本战后问题上基本一致,两国合作都追求对等关系,极力避免主从关系。但是美国与中俄保持较密切的经济等方面的合作关系,对中俄军事合作有离间的效果。中美密切的经济关系、一定程度军事交往和其他领域的合作,都让俄罗斯对中国存有相当的戒心。自 1999 年科索沃战争以来,俄罗斯与美国的几次妥协,也使中国对俄罗斯的合作可靠程度产生一定怀疑。俄罗斯向中国提供先进武器的同时,也同时向印度、越南出售先进武器,武器品种有时比提供给中国的更加先进。

2013 年 3 月 4 日,俄罗斯国防部长谢尔盖·绍伊古访问与我国有南海领土纠纷的越南,他表示俄罗斯将帮助越南建立潜艇舰队。[②] 越南是俄制武器和军事设备的最大进口国,且进口

---

① “奥巴马和安倍在会谈后举行了非常简短的媒体见面会。奥巴马称,日本是美国最亲密的盟友之一,美日同盟是美国区域安全和美国在亚太地区行动的核心基础。关于钓鱼岛问题,奥巴马只字未提。”(见《人民日报》2013 年 2 月 24 日 03 版报道:《安倍访美受冷遇》)

② 据俄罗斯新闻网站 3 月 6 日报道,绍伊古与越南国防部长冯光青在河内举行会谈后表示:“今年在我们的共同努力下,越南共和国的海军历史将翻开新的一页,潜艇舰队即将诞生。”

范围十分广泛，从苏-30MK2战机到“萤火虫”级巡逻艇、“基洛”级潜艇、“猎豹”护卫舰。发点军火财当然是一方面原因，但也有盟友间互相提防、制约的企图，其中不乏含有对中国的威胁性提醒：我可以同印度或越南构成南北呼应态势。这是当年俾斯麦同俄国结盟同时与俄国的巴尔干宿敌奥匈帝国也结盟的手法，以牵制和防止同盟关系的中国“拿俄国一把”。

俄罗斯基本上是陆权大国，缺乏向海上发展军事力量的动力，在远东地区依靠强大的陆基制空权可部分影响近海区域的制海权。上海合作组织框架下的中俄军事合作，都属于双方对付美国的重要威慑筹码，离真正的军事同盟还有相当的距离。中俄之间的军事合作包括在太平洋上海权战略的合作能够走到什么程度，取决于美国对两国进逼的程度，慑于过去中苏蜜月给美国和西方带来的压力，美国也尽量不刺激两国结成真正的军事同盟，更会提防俄罗斯发展强大的海军，并进入太平洋与中国合作。

2013年3月11日，俄罗斯国防部长谢尔盖·绍伊古在国防部扩大会议上说：“国防部决定在地中海部署战役兵团，届时俄罗斯海军舰队在该地区执行任务将实现常态化。”①3月17日，俄罗斯海军总司令奇尔科夫在接受俄媒体采访时说：“俄海军在必要时将考虑在印度洋和太平洋部署常态化战役兵团。”②3月28日，普京突然启动黑海地区陆海空大规模演习。③5月份，俄罗斯海军司令又重申在地中海部署舰队，并规定了时

---

① 见2013年3月12日《京华时报》。

② 见2013年3月18日《京华时报》。

③ 人民网3月29日讯，据俄新网28日消息，俄罗斯总统普京从南非金砖峰会返回并前往索契的途中，于当地时间凌晨4时从飞机上下达命令，要求在黑海地区启动突发性大规模演习。

间表。①

上述情形表明,即使俄罗斯有意拓展海军活动范围,主要方向还是在欧洲和地中海地区,未来在太平洋地区,俄罗斯海军不会投入太多注意力,中国主要还得依靠自己的力量,单独与该地区的对手们周旋。

就当前和未来相当长一段时间而言,中国海军现代化仍在成熟过程中,所发挥的作用仍然是威慑为主。作为对付周边的重要外交辅助性工具,海军海上军事力量的主要作用在于配合政治、经济和外交手段,防止海洋诸方向各种争端进一步恶化,维护国内经济建设为中心的大局,以延长战略机遇期。与此同时,不断拓展远洋投送能力,以增强远洋任务的执行能力。

从长期看,目前太平洋地区的格局尚在酝酿过程中。和平因素和战争因素并存,传统的现实主义战略思维与和平建构主义思维都很强势。对峙双方的军事、经济和外交政策都不同程度陷入矛盾和困惑之中。崛起的亚洲似乎已处于历史的十字路口,让一百多年前欧洲的历史在亚洲重新演绎一遍?还是突破历史窠臼避开欧洲已经趟过的浑水?21世纪的亚太是回归传统,还是毅然创新?目前尚无答案。前面的论述是被迫于传统现实主义的战略思维,思维的尽头,前途茫然。也许,在商业理性的惯性作用下,以及欧洲经济共同体最终结出“欧盟”的果实,

---

① 人民网5月13日讯,俄罗斯强调,将增加在地中海的军事力量,今年内在该海域的舰船会有5到6艘,而且还会根据需要部署核潜艇。……俄罗斯海军总司令维克托。奇尔科夫12日在接受俄新社记者采访时表示,今年内在地中海的俄罗斯舰队会有5到6艘军舰,其中包括供给舰。这些舰船要进行轮换,主要由黑海舰队、波罗的海舰队和北方舰队完成,有时太平洋舰队也会参与其中。

将欧洲带出千年战争冲突陷阱这一事实，会给今天的亚洲以启示，在各国致力于亚太经济共同体的过程中，用协作共享意识淡化主权意识，让传统海权思维走进历史博物馆，让亚太与战争渐行渐远。

第二章　日本海权战略及其对中国的影响

丁云宝　辛方坤

“强于世界者必盛于海洋，衰于世界者必先败于海洋”。作为一个国土狭小、资源匮乏的国家，近代以来，日本一直高度重视海洋问题，海洋资源、海域环境与安全等直接关系到日本国家利益与发展前景的一系列问题。二战之后，日本一直以海洋国家作为国家身份的定位，注重制定海洋战略。日本的国家战略总体上是一种所谓的“西太平洋战略”，即希望采取各种措施而作为西太平洋的海上强国再次崛起。[①] 日本推行“海主陆从论”，强烈要求把海洋扩张政策置于国防的中心地位，其军事战略以夺取制海权和控制远东海洋为主要目的。[②]

20 世纪 80 年代以来，随着中国经济的迅速发展，中国对海洋的依赖性进一步增强，中国也开始由一个传统的陆权大国向

---

① 高兰：日本海洋战略的发展及其国际影响，《外交评论》，2012 年第 6 期，第 53 页。

② 李强华：历史与现实：中日海权战略之比较，《太平洋学报》，2012 年第 5 期，第 92 页。

现代海权强国转变。海洋通道、海洋国土和资源对中国经济发展和国家安全的意义越来越大。日本海权战略对中国有重大影响，中日两国不仅在东海划界问题、钓鱼岛主权问题、南海等问题上存在矛盾，而且在亚太海权战略方面也有潜在冲突的可能。19世纪末以来，日本外向型、进攻性的海权战略对中国国家安全构成严重侵害，也对未来中国海洋强国战略构成重大挑战。

第一节　日本海权战略历史演变

日本海权战略的形成和发展经历了一个很长的过程。日本近代海权战略初步形成于明治维新之际，发展于甲午战争和日俄战争之时，鼎盛于两次世界大战期间，衰败于第二次世界大战之中，并再次复苏于冷战时期，蠢蠢欲动于当下。

一、幕末维新时期的海权战略

德川幕府200多年闭关锁国政策，在面对西方国家的坚船利炮时，左支右绌、破绽百出，英国与大清国在鸦片战争中对香港的争夺，让日本幕府认识到了日本锁国海防的局限性，意识到海洋已经不再是天然的保护屏障，恰恰是西方舰船打开国门的通途。马登·柏利舰队的到来终于迫使日本幕府缔结了《日美亲善条约》，随后日本又相继被迫与英国、荷兰、法国缔结条约，日本的锁国海防战略宣告结束。1791年，著名学者林之平在《海国兵谈》一书中指出，由于“海国”兼具“易遭外敌入侵”和“易御敌于国门之外”的双重特点，“若无防备”，便难以抵挡“外敌入侵”，所以作为“海国”的日本必须“拥有与海国相称的武备”，否则“难以建立日本的国防”。他进一步指出“日本国防的关键”，即：“防御外敌入侵”主要依靠“水战”，而“水战的关键是大炮”。①

① ［日］外山三郎著，龚建国、方希和译：《日本海军史》，北京：解放军出版社，1988年，第18页。

1849年佐久间象山的《海防八策》、横井小楠的《国是三论》以及1853年胜海舟的《海防意见书》都是日本的海防战略思想的先驱。胜海舟建议幕府设立"海军局"，1863年日本幕府在坂本龙马的协助下，在神户成立"海军操练所"。"为进行海军演习，欲往支那、朝鲜地方渡航。宜事先于神户设立海军局，集合此辈以从事船舶之实地运转。远至上海、天津、朝鲜地方，观察其地理，洞察其人事。幸有土州人坂本龙马入我私塾，可完成此举，以激励众徒。邦内有志之辈多有赞同"。[①] 后人特意立碑纪念："夫吾邦方今急务，莫落于海军，将以此营为始。英旨振起士风，实在于是。可谓当时之伟图，而千岁之鸿基也。"[②]1867年，坂本龙马在《船中八策》第六条中提出了"宜扩张海军"的构想。[③] 这种最初以自卫为初衷的"海防论"，很快就使日本海权战略从消极防御转向积极防御。

1868年7月，明治政府一成立就提出"富国强兵"的政策，利用军事力量"开拓万里波涛、布国威于四方"。1868年10月，天皇颁发谕令，"海军建设为当今第一急务，应该从速奠定基础"。[④] 1869年日本设立兵部省，1870年5月4日，日本兵部省向太政官司呈交了一份关于日本海军建军思想的建议书，指出了日本海防的意义和海军军备的目标，勾画出日本海军建设的蓝图。日本起初是以俄国作为头号假想敌，但是随着与中国的矛盾不断凸显，逐渐将注意力转到中国，山县有朋1880年在其

---

① ［日］仲尾宏：《坂本竜馬と勝海舟——立憲政体と三国同盟論の先駆け》，见世界人権問題研究センター編：《講座・人權ゆかりの地をたずねて：講演録》，2004年，第131页。

② ［日］勝海舟：《氷川清話》，东京：角川书店，1972年，第26、159页。

③ 高兰：日本海洋战略的发展及其国际影响．外交评论，2012(6).

④ ［日］外山三郎：龚建国、方希和译，《日本海军史》，北京：解放军出版社，1988年，第19页。

《进邻邦兵备略表》中更明确指出“邻邦军备愈强,中国军备亦不容忽视”。① 尤其是清军平定朝鲜由日本操纵的甲申政变后,更是将中国作为其头号假想敌。此后日本大力发展海军,据统计,在1880年到1893年间,日本军事费用大体占据每年岁出总额的19%~30%,而且是递年增加的,②并通过发行海军公债筹资的方式大力加快海军的建设规模和实力,短短几年日本海军就有了突飞猛进的发展。到1894年,日本建成拥有军舰31艘、鱼雷艇24艘,总排水量达6万多吨的近代海军。③

随着自身实力的增强,日本的海权战略逐渐具有鲜明的对外扩张的倾向。在1894年中日甲午战争和1904年日俄战争中日本获得了大胜,两战中日本尝到了甜头,海军迅速发展壮大,雄霸了整个东亚的制海权,成为近代史上亚洲唯一的帝国主义国家。在这一时期日本海权战略随着海军实力增强从防御逐渐转向进攻型、对外扩张型的战略。

二、两次世界大战时期的对外扩张战略

在近现代,日本的海权战略主要是对他国实施吞并或排他性占领,并以军事手段对殖民地资源和市场实施完全垄断。英日同盟的建立使日本在远东确立了对沙俄的海上优势,最终夺取了日俄战争的胜利。甲午战争和日俄战争是促使日本海军发展壮大的两大关键性战争,对日本海军发展产生巨大影响。

1914年第一次世界大战爆发,日本敏锐的嗅觉发现这是一

---

① [日]信夫清三郎著,天津社会科学院日本问题研究所译:《日本外交史》,北京:商务印书馆,1980年,第169页。

② 杉田一次:《近代日本的政战略》,原书房1978年,第118页,转引自米庆余:《日本近现代外交史》,北京:世界知识出版社,2010年,第64页。

③ [日]外山三郎:《日本海军史》,北京:解放军出版社,1988年,第28-31页。

个趁机扩大自己的势力范围的好时机，藉英日同盟之便，日本对德国宣战，趁机占领了青岛。同时，还占领了马绍尔群岛、加罗林群岛、雅浦岛等。虽然日本并没有直接参战，但从第一次世界大战中日本大大地扩张了自己的海权，建立西太平洋海洋霸权。虽然一战后，日本也签订了《关于限制海军军备条约》、《华盛顿条约》等，但是为了进一步夺取其海上霸权，实现其"大东亚共荣圈"的黄粱美梦，单方面地废除了限制其海军发展的条约，大力扩充军备。

1941 年日本大举进攻东南亚、在太平洋地区先后占领了关岛、威克岛以及其他西太岛屿，并在腊包儿建立了空军基地。日本海军快速扩张，海军力量排到了世界第三，紧随美国、英国之后。1942 年盟军的舰队在远东战场全面溃败，但是随着日本海军的进一步扩张，其力量有限与战线过长的弱点充分暴露出来。再加上美国封堵了日本的能源海上运输线，使得日本不得不铤而走险偷袭珍珠港，美国对日本宣战。中途岛海战失败后，日本海军不断失利，落入下风，日本战败，其攻势对外扩张型的海权衰落。

三、战后日本海权战略的复苏——从防御转向进攻

战后，美国对日本心有余悸，对日本的政治、经济、文化、社会等诸多方面进行全面的改革，解除了日本军队的武装，也解除了相关的军事机构，消除日本对美国的威胁。直到 1950 年朝鲜战争爆发，美国急需在亚洲有一支武装盟友，于是在日本建立了一支警察预备役，1954 年日本在这支警察预备役部队的基础上成立了陆上自卫队、海上自卫队和航空自卫队，日本的防卫力量正式进入新的历史阶段。从 1958 年日本开始第一次防卫力量发展计划以来，经过多次的发展，日本海上自卫队达到现在的规模。

1970年日本在首次发行的《防卫白皮书》中第一次提出“专守防卫”的战略，即依靠国家防卫力量，采取守势，在宪法框架内贯彻国土防卫。直到20世纪80年代，日本也一直奉行“专守防卫”的战略，到20世纪90年代，日本掀起了海洋日本论，提出了“文明的海洋史观”、“海洋国家日本论”、“海洋亚洲论”等论调，积极谋划海洋拓展，通过海权的发展谋求本国海洋资源的拓展。由于世界形势的不断变化，日本海权战略也不断发生明显变化。日本以苏联为假想敌，依靠美国的核保护伞，配备先进装备以及强大战斗力的自卫队，特别是海上自卫队保卫自身安全，战略指导思想从原先的消极防御向积极防御战略转变。① 从强调本土防卫转变为“海上歼敌”、“海上防空”、“海上拦截”和“海空决战”，把威胁消灭在日本的本土之外。

进入21世纪以后，特别是“9·11”事件后，日本海上自卫队建设步伐更加迅速，海上自卫队朝着大型化和远洋化方向快速发展，其进攻性与威慑性的锋芒也越来越外露。随着新一代高科技潜艇和直升机航母的建造完成，海上自卫队的远洋投送和作战能力也大大提高，海外干预能力极大增强。随着日本海上自卫队自身实力的提升，美日同盟基础之上的依附性海权战略的进攻性也越来越明显。同时，日本把中国作为主要对手，在美国“重返亚太”与“亚太再平衡”战略下，以美日同盟为基础，压缩中国海洋战略发展空间，堵截中国突破岛链，东出太平洋。

第二节　当前新形势下日本海权战略

苏联解体以后，美日失去了共同的敌人，彼此间的矛盾越来

① 李强华：历史与现实：中日海权战略之比较，《太平洋学报》，2012(5)：91－99。

越多，尤其是在经济领域，导致美日同盟一度动荡飘摇。但是，由于伊斯兰极端主义的猖獗和中国的崛起，日美双方又很快警惕到美日同盟的重要性，积极调整。

一、美日同盟下日本层层推进的海权战略

1995 年 2 月，美国国防部正式公布了《美国东亚太平洋地区的安全保障战略》，该报告认为，美日双边关系是美国太平洋安全政策及全球战略目标的根本。美日安全联盟是美国亚太安全政策的关键，应该继续发挥作用。① 同年 11 月，日本安全保障会议和内阁会议通过了《防卫计划大纲》，该大纲明确了日本的长期防卫战略，重新确认了美日安保体制，对美国东亚战略进行回应。该《防卫计划大纲》称："日本将在宪法的引导下，遵循这一方针，通过努力继续提高日美安保体制的可靠性，并适当发展，维护和运用防卫力量，完成国防安全的任务，同时尽力为国际社会的和平与稳定做出贡献。"②1996 年发表的《日美安全保障联合宣言——面向 21 世纪的同盟》确认了保持和发展日美军事同盟的必要性，同时以日美安保"再定义"的形式明确军事同盟关系调整的方向。

1997 年《日美防卫合作指针》重点强调了日美应对日本周边事态的必要性。日本在日美同盟中扮演的实际作用更大，如搜集情报、扫雷、补给、强行登船检查、实施海上封锁、人道主义救援、提供军事基地与设施、承担为美军治疗伤员等后勤支援。③

---

① 张广宇：《冷战后日本新保守主义与政治右倾化》，北京：北京大学出版社，2005 年，第 158 页。

② 肖伟：《战后日本国家安全战略》，北京：新华出版社，2000 年，第 221－222 页。

③ 《新たな日米防衛協力のための指針》(1997 年 9 月 23 日)，外交青书 41 号，第 316－324 页。

2003年，日本国会通过了《应对武力攻击事态法》等“有事三法案”，其中所谓的“有事”不仅指直接遭受的“武力攻击”，甚至连“事态紧迫，可以预测将受到攻击的局面”以及“有被攻击的危险”也被统统纳入“有事”范围，并表示一旦发生上述事态，自卫队可以行使武力甚至先发制人。但由于日本对“有事”概念的模糊解释，也就意味着只要日本觉得周边事态对其有威胁即可武力介入，这在理论上已经使得日本海上自卫队作战半径覆盖整个亚太。

2004年日本出台备受关注的《防卫计划大纲》，明确提出了警惕中国的军事现代化和海洋活动范围的扩大。这是日本在防务政策中首次明确提出“中国威胁”。此外，该防卫大纲还对自卫队的任务定位做出了改动，要求积极向海外派兵，鼓吹加强海外兵员输送能力建设，将自卫队原先作为“附属任务”的海外派兵定位为“本来任务”。日本的防卫视角扩展到海外。① 2010年12月日本安全保障会议和内阁通过了防卫省制定的新一期《防卫计划大纲》，继续强调中国威胁，把中国作为主要假想敌，作为其不安全感的来源。同时，将国土防卫重点转向了西南，增强西南诸岛的防御。其在《和平宪法》框架下的“专守防卫”已经转向了外向型、扩张性的防卫战略。在立法上，2007年日本国会通过了《海洋基本法》、《海洋建筑物安全水域设定法》和随后的一系列相关的法律，构建了海洋法律体系框架，通过法律手段保障日本在海洋上的权益。

二、日本当前海权战略定位

伴随着日本防卫计划大纲和相关法律等的发布与实施，日

---

① 胡高辰：从日本防卫大纲转变看日本的大国战略，《东北亚学刊》，2012年5月第2期，第33－37页。

本的海权战略也随之发生了变化，在新形势下日本需要适应新时代的海权战略。日本的地理位置独特，四面环海，宣称有447万平方公里管辖海域，而其现有的陆地面积只有约38万平方公里，海洋对其重要性不言而喻。尤其是日本经济成功崛起，并不满足于经济大国的现实，而且还要成为军事、政治大国。马汉的理论对美、英、德、日等国的海洋认识和海军发展乃至国家战略都产生了深远影响。① 1890年，他在《海权论》一书中提出，以贸易立国的国家，必须控制海洋。夺取并保持制海权，特别是与国家利益和海外贸易有关的主要交通线上的制海权，是国家强盛和繁荣的主要因素。马汉从战略角度分析了一国的地理位置、自然环境、领土范围、人口数量、民族性格和政府政策（包括发展海上实力的政策）等因素对海权的影响，提出海权战略就是在平时和战时建立并加强海上实力，以实现国家的战略目标。② 在日本当前新形势下，其海权战略定位是以美日同盟为背景，建立一支具有强大进攻性的远洋型海上力量，同时联合具有相同价值观的海洋国家，建立一套安全保障体系，打造美日同盟下的海权战略体系，保护日本在世界范围内的海上利益，扩大日本在世界的影响，实现其海洋大国梦。但是，日本的海权战略是一种依附型的战略，也只有在美日同盟稳固的前提下才能发挥其效用，随着中国经济的飞速发展，第三世界国家的快速发展，世界格局的逐渐变化，一旦美国经济继续衰落，日本狐假虎威的海权战略，必然面临再次衰败。

---

① 关希：排他性的"海权论"可以休矣——析日本流行的"海洋国家战略"，《日本学刊》，2006年第4期，第5-14页。

② ［美］马汉著，梅然等译：《海权论》，北京：言实出版社，1997年，第40页。

第三节　日本安全压力及其海上自卫队建设措施

一、日本安全压力

目前东亚地缘舞台的特点是大国关系处于亚稳定状态，亚洲是世界的潜在的政治火山。① 日本认为，虽然发生世界性的大规模武装冲突的可能性已经减小，但是发生各种复杂的地区争端的可能性趋于增加，大规模杀伤性武器、弹道导弹及其运载工具的转移和扩散、恐怖主义等威胁不断上升，周边地区潜伏着不少安全热点问题，大国关系复杂，许多国家正致力于军事现代化。② 这些不安全感都让日本寝食难安，尤其日本自身面临的来自海上和地缘的安全压力，成为促使日本建立强大的海权的内在动力。日本的安全压力概括起来主要有以下几点：

1. 来自传统的海上威胁

日本是一个南北狭长而缺乏纵深的岛国，国土狭小、人口稠密、资源贫乏，矿产资源稀缺，只有硫化铁、硫黄、石灰石和石膏等少数矿藏能够自给。除铅矿、锌矿、铜矿和煤矿有一定的开采价值，其他矿产资源储量都很少，石油、煤炭和天然气等资源几乎百分之百依赖海上进口，以此来支撑本国经济发展所需的资源。③

---

① [美]兹比格纽・布热津斯基：《大棋局》，上海：上海人民出版社，1998年，第203-204页。

② 陈峰君主编：《亚太安全析论》，北京：中国国际广播出版社，2004年，第97页。

③ 王绍媛，吕春生：日本能源海上通道中的美国因素分析.《东北财经大学学报》，2012年第4期，第27-32页。

日本所需资源的海上运输线(sea line of communication)主要依赖:①由马六甲海峡,经南海沿台湾海峡及台湾东岸航线北上到日本南部的东岸;②印尼西北岸的巽他海峡(Sund Strait)、龙目海峡(Lombok Sela),北上望加锡海峡(Makassar Strait),再沿菲律宾东岸的菲律宾海到日本南部的东岸;以及③经大西洋、穿越澳洲南岸的巴斯海峡(Bass Strait),再沿澳洲东岸北上经巴布亚新几内亚东岸,经菲律宾海直到日本本土南端的东岸,这是日本三条海路运输线中最长的一条路线。[①] 只要在战时于近日本区域或于印度洋、大西洋上从远端封锁这三条海路运输线,即可不战而屈人之兵,除非美国直接从美国西岸直线对日本进行资源供应。二战时期就是美国停止供应并封锁日本的石油入口的海上运输线,从而迫使日本首先发难偷袭美国的珍珠港基地。在这三条运输线中,由马六甲海峡经南海海域的海上航道与中国的"海上生命线"发生重叠,这一条运输线是日本在其西南方向上获得中东、非洲等地资源的最近线路,日本进口原油的90%以及贸易总额的30%都要"流经"马六甲海峡、南海航道,而中国2012年前9个月在非洲的进口额已达到866.93亿美元,从欧洲的进口额达到2 162.57亿美元,占中国进口总额的23%,[②]加上东盟部分国家和中东的进口总计约占中国进口额的40%,这些进出口几乎都是从印度洋、马六甲海峡、南海海上运输线完成,是中国的"海上生命线"。

---

① 张海祥:日本对抗中国有"先天致命弱点",见环球网:http://opinion.huanqiu.com/1152/2012-10/3173061.html,2012-10-9,最后浏览时间2013年6月20日。

② 《中华人民共和国商务部2003-2012年1-9月份中国进口汇总表》,见http://images.mofcom.gov.cn/zhs/table/2012qiu/biao7.doc,最后浏览时间2013年6月20日。

中日双方有着天然的结构性冲突，在中日关系良好时这种结构性冲突表现得不明显，双方可以通过相互对话解决问题，但是当中日双方有重大矛盾冲突时这种结构性冲突就会显现得较为突出，甚至直接威胁到国家安全。由于这种结构性冲突，中日双方一旦有一方控制此“海上生命线”，即控制了另一方的国家命脉。“海上生命线”对于日本而言是国家生存与安全之根本，没有海上的安全，日本的经济发展、商业繁荣、社会稳定等都无从谈起。

2. 日本本土周围的压力

美国急于脱离阿富汗和伊拉克战争漩涡，遏制中国，增加自己在亚洲的控制力和影响力，将重心调到了亚太，美国防部长帕内塔表示未来美国海军60%的军力都将部署到亚太，再加上美国财政悬崖，使得美国在“重返亚太”与“亚太再平衡”战略背景下，需要进一步加强与日本的同盟，稳固在亚洲的核心利益。日本作为美国的核心盟国，也积极寻求自己的利益最大化，日美同盟也正朝着对等、互利的新阶段发展。①

但是朝鲜金正恩上台以来，朝鲜的核武器计划在一定程度上取得了进展，增强了弹道导弹的能力，同时，不排除在较短时间内实现核武器小型化和弹头化的可能性，朝鲜连续的核试验对日本的安全构成重大威胁。② 朝鲜一直视美国为敌，而日本作为美国在亚太的最核心的盟国，也自然被朝鲜囊括进核打击的范围之内，增加了日本对朝鲜的核恐惧。2012年中日因为钓鱼岛争端，在钓鱼岛海域摩擦不断，大有军事冲突一触即发

① 李秀石：解析日本“动态遏制”战略，《国际观察》，2012年第6期，第45－52页。

② 日本防卫省：《防卫白皮书2012(英文版)》，第2页。

之感。

改革开放之后，中国经济飞速发展，尤其是2010年在工业化基础之上中国经济总量超过了日本，成为世界第二大经济体，这对中日关系以及整个东亚地区的格局都具有极为重大的意义。国内并没有大肆宣传这一事实，相反我们低调地通过强调中国目前人均GDP仍然落后的事实，相对弱化了这一重大历史性的突破。但却在日本国内引起了极大的震动和忧虑。这对在亚洲有着百年优越感的日本来说是个极大的刺激。

中国迅速崛起，军事实力高速成长，研发了歼-10，歼-10B，歼-11，歼-15等，开始逐渐替换庞大的二代机机群。同时，我们还研发了歼-20，成为世界上第三个具备研制与装备第四代战斗机(俄罗斯称第五代)能力的国家。运20首飞，辽宁号入列，中国战略空军与远洋海军慢慢成形，再加上，近来中国海军舰艇部队进出太平洋出现常态化。日本发布的《2012防卫白皮书》中认为中国的动向，包括中国船只“侵入”“尖阁诸岛”(即我钓鱼岛及其附属岛屿)周边日本领海，包括军事不透明在内，已成为地区的担忧事项。[①] 即使中国无数次地向外界表达自己的国防是纯粹防御性的，就跟我们核武政策一样，不会以侵略和争夺霸权为目标，也永远不会威胁他国安全，但是在当前形势下，似乎无论我们怎样宣称和平崛起，都无法让日本对中国的疑惧之心减少。

同时，日本在北方与俄罗斯南千岛群岛(日本称北方四岛)、与韩国独岛(日本称竹岛)，在西南与中国钓鱼岛(日本称尖阁诸岛)都有领土之争。日本是一个四面环海的岛国，获得制海权一

① 日本防卫省:《防卫白皮书2012(英文版)》，第26页。

直是日本海权战略的核心。而美国又希望在亚太有一个军事上强大的盟友在支撑自己，近年来，美方一再要求日本突破宪法制约实现“共有力量”，对华政策“协调一致”。[①] 日本本身是一个四面环海，资源匮乏，缺乏安全感的岛国，与周边国家的矛盾，让日本深深感受到一种威胁。来自邻居的不安全感，使得日本有强烈的打造一支强大的能够捍卫自己海上权益和保卫远洋重大利益区域的海上力量的要求。

二、日本海上自卫队建设措施

一个国家的海军实力除了各种舰艇战斗性能、空中飞机、水下潜艇的实力以外，还包括本国经济、政治等各方面因素，是一种综合实力的集中体现。一国的海权强弱，至关重要的因素之一是海上武装力量的强弱。日本自身的不安全感，加上经济成功崛起后，想摆脱战败国状况的强烈愿望，促使日本有着成为正常政治大国、军事大国和海洋大国的梦想。梦想会刺激到一国的现实行为，日本为了实现这一梦想，正努力提升自身的军事实力，尤其是建设海上自卫队。

日本海上自卫队在20世纪50年代成立，是在全面依赖美军的状态下起步的。在当时美苏冷战的环境下，日本海上自卫队是作为美国在美苏争霸中的附属，协同美国第七舰队与苏联

---

① Richard Lee Armitage，INSS特别レポート：『米国と日本：成熟したパートナーシップに向けて』(2000年10月11日)，见 http://www.h5.dion.ne.jp~hpray/shakai/yuujihou/yuujirekisi.htm.第2次アーミテージ報告：『米日同盟、2020年に向けアジアを正しく方向付ける』(2007年2月16日)，见 http://www.kyodo-center.jp/ugoki/kiji/070216armitage.htm，最后浏览日期2013年6月20日。(美国原副国务卿阿米蒂奇在2000年10月份主持起草的研究报告《美国与日本——走向成熟的伙伴关系》和2007年2月份主持的研究报告《美日同盟——让亚洲正确迈向2020》的日文版)

太平洋舰队对峙，美国给其的任务便是负责反潜和水雷作战，这成了日本海上自卫队发展的起步基础，也成就了日本海上自卫队反潜和扫雷世界一流水平。由于日本不能拥有军队，且采取专守防卫的立场，因此原则上不配备航空母舰、巡洋舰和核动力潜艇等进攻性的舰种，以及海军航空兵和海军陆战队等兵种，海上自卫队的主要任务是防卫日本领海。从其装备上来看日本海上自卫队目前是亚洲最现代化的海上军事力量。① 作为日本海洋资源开发、海洋航道等最有力的保障力量，有资料显示日本自卫队 2011 年装备等采购费为 7 786 亿日元(约 97 亿美元)，占国防预算 16.5%，比上年度的 7 738 亿日元增加 6.2%。2011 年的采购重点是飞机和舰船，其中，飞机采购费 2 474 亿日元(约 29.11 亿美元)，增幅达 71.3%，舰船建造费为 777 亿日元(约 9.65 亿美元)。② 2012 年海上自卫队的经费为 11 187 亿日元(约 113.9 亿美元)，比上一年增加 1.6%。2013 年更是日本 11 年来首次增加军费预算，达 400 亿日元(约 4.07 亿美元)。③ 从军费上看，近年来日本有计划地逐渐增加在舰船和飞机装备上的投入，增强海上自卫队的战斗力，以应对来自周边国家的安全压力。

目前，海上自卫队编制 45 517 人，但实际在岗人数为 42 117 人，④舰船总吨位在 2011 年时已达到了 64.1 万吨，仅次于美

---

① IISS，《The Military Balance 2012：the annual assessment of global military capabilities and defense economics》，London：IISS，2012 年，第 251 页。

② 中国战略文化促进会编：《2012 日本军力评估报告(民间版)》，2012 年，第 8 页。

③ 日本时隔 11 年再次增加军费，见人民网：http：//world.people.com.cn/n/2013/0417/c57507-21171374.html，最后浏览日期 2013 年 6 月 21 日。

④ 日本防卫省：《防卫白皮书 2012(英文版)》，第 465 页。

国、俄国、中国和英国，位列第五。[①] 据日本防卫计划大纲建造计划，以及日本防务省海上自卫队网站显示，日本主力舰队，共建立 4 个护卫队群(Escort Flotilla)，[②]也就是通常所说的“八·八”舰队，即一支以直升机驱逐舰为核心，拥有 8 艘水面舰艇与 8 架反潜直升机的机动反潜舰队。但是随着“日向”号和“伊势”号航母型驱逐舰的服役，日本已然达达到“十·十”舰队的水平。此外还拥有 5 个地方队，[③]6 支潜艇舰队(Submarine Flotilla)、2 个支负责水雷作战的“扫海队群”(Mine Warfare Force)、7 大航空群、[④]16 个陆基反潜航空队(Fleet Air Wing)。海上自卫队主要兵力维持在驱逐舰 47 艘、潜艇 20 艘、作战飞机 150 架的水平。[⑤] 据简氏战船年鉴 2011—2012 年版，日本海上自卫队拥有“日向”号和“伊势”号两艘航母型直升机驱逐舰，“白根”号 DDH143 和“鞍马”号 DDH144 驱逐舰，还有以防空为主任务的导弹驱逐舰 DDG 型 8 艘，反潜为主任务的多用型驱逐舰 DD 型 31 艘，较为小型，以护航为主要任务的护航驱逐舰 DE 型 6 艘、潜艇 20 艘、训练潜艇 2 艘、潜艇补给救援船 2 艘、舰队补给舰船

---

① 章骞：迎来还历之年的日本海上自卫队，《凤凰周刊》，2012 年 12 月 5 日，第 36 期。

② 海上自卫队组织，见日本防务省官网：http://www.mod.go.jp/msdf/formal/english/about/org/index.html，最后浏览日期 2013 年 4 月 10 日。

③ 海上自卫队基地，见日本防务省官网：http://www.mod.go.jp/msdf/formal/english/about/org/map.html，最后浏览日期 2013 年 4 月 10 日。

④ 海上自卫队组织，见日本防务省官网：http://www.mod.go.jp/msdf/formal/english/about/org/index.html，最后浏览日期 2013 年 4 月 10 日。

⑤ 日本防卫省：《防卫白皮书 2012(英文版)》，第 131 页。

5 艘。[①] 2013 年 4 月 2 日，“苍龙”级“瑞龙”号潜艇在横须贺港正式下水服役，是日本最先进的 AIP（不依赖空气动力）系统的潜艇，续航能力超越日本现有的所有潜艇。外界猜测已久的 22DDH 型直升机航母“出云号”在 2013 年 8 月 6 日也在日本横滨下水服役，极大地增强了日本海上自卫队战斗力。总体来看，日本海上自卫队建设主要有以下三个特点：

1. 大力发展海上自卫队反导防空系统

1993 年 5 月朝鲜成功发射“劳动”弹道导弹，刺激日本将反导防空系统建设提上了日程。2003 年 12 月日本安全保障会议和内阁会议正式做出了导入美国弹道导弹防御系统的决定，正式部署导弹防御系统。2004 年的《新防卫计划大纲》和《中期防卫力量整备计划》提出重视本国导弹防御系统能力的建设，日本的反导防御系统在美国的帮助下得到了迅速的发展。

目前，日本是除美国以外装配最先进“宙斯盾”系统战舰的国家。日本海上自卫队拥有现役 6 艘宙斯盾驱逐舰（4 艘金刚级 2 艘爱宕级），[②]均以美国“阿利・伯克”级“宙斯盾”导弹驱逐舰为蓝本改造而成，但也加入了日本自身的设计，综合性能优异。2004 年日本开始逐步对金刚级驱逐舰进行改装升级，到 2010 年日本 6 艘“宙斯盾”驱逐舰全部完成。6 艘驱逐舰都装备了 AN/SPY－1D 相控阵雷达，其最大探知距离达 450 公里，可以同时跟踪 200 个目标，并跟踪其中最具威胁的 18 个目标，与日本防空用固定式警戒管制 FPS－5 雷达构成日本导弹防御网的核心。同时，装备标准－3 弹道导弹，对高空目标射程达 500

---

① Stephen Saunders：《Jane's Fighting Ships 2011 － 2012》，London：Jane's Information Group，2011 年，第 418 页。

② 孟杰、张弓胤：日本海上自卫队反导作战能力分析，《飞航导弹》，2013 年第 2 期，第 25－29 页。

公里，即使在大气层外仍可击中目标。未来日本打算继续建造2艘“爱宕级”驱逐舰，加强其海基反导防空能力。

2. 发展潜艇部队，提高水下战力，同步发展反潜能力

日本由于受《和平宪法》制约，不能拥有核潜艇，只能在发展常规动力潜艇上做文章，通过提高潜艇的下潜深度、降低潜艇动力推进装置噪声、提高潜艇隐蔽性等来增强水下舰艇作战能力，力图通过技术弥补无法拥有核潜艇带来的战力缺憾。

日本不断渲染中国威胁论，以中国为主要假想敌，借口应对中国日益强大的海军，将本国维持已久的18艘潜艇数量增加到20艘，其中“苍龙”级潜艇共有5艘服役。2009年3月日本“苍龙”级潜艇首艇“苍龙”号正式服役，这是日本第一艘装备AIP（不依赖空气动力）系统的潜艇，大大减少了潜艇浮出水面的频率。2013年4月“苍龙”级“瑞龙”号潜艇服役，此时日本拥有的“苍龙”级潜艇已有SS501“苍龙”号、SS502“云龙”号、SS503“白龙”号、SS504“剑龙”号和SS505“瑞龙”号。日本防卫省官员在“瑞龙”号服役仪式上还透露，根据日本中期防卫力整备计划，截至2021年，日本还将打造22艘新型潜艇，将极大地增强海上自卫队水下战斗力。

与水下舰艇战斗力相对应的则是反潜能力，当前，日本的反潜能力并不比美国逊色多少。日本现有84架P－3C反潜巡逻机，①是日本海上自卫队目前最核心的反潜利器，航速可达到732公里/小时，航程达6 100公里，装备有APS－115雷达，8枚MK46鱼雷、深水炸弹、水雷、鱼叉反舰导弹和空对地导弹，②分

---

① Stephen Saunders：《Jane's Fighting Ships 2011 － 2012》，London：Jane's Information Group，2011年，第432页。

② Stephen Saunders：《Jane's Fighting Ships 2011 － 2012》，London：Jane's Information Group，2011年，第432页。

布在日本国内12个基地，一旦有必要可以对太平洋方向的300海里，日本海沿岸的200海里进行全方位的巡逻飞行，几乎能完全覆盖日本所谓的主权海域。P-3C配备有先进的潜艇探测传感器，计算机系统可接受声呐数据，输入战术显示屏并保存。P-3C具有很强的对潜艇进行声学分类识别的能力，对于已有存贮特征样本的潜艇的识别正确率近100%。① 目前，日本最新型的反潜机P-1也已经有2架服役，其航程、武器配备等性能要超越P-3C反潜巡逻机，使日本原本就处于一流的反潜水平更加先进。

3. 积极打造海外军事基地

日本在逐步建设、完善国内的海上自卫队军事基地、港口之外，也积极谋求国门之外的军事"落脚点"。20世纪90年代开始，日本就谋划突破《和平宪法》中禁止向海外派驻武装力量的禁令，在海湾战争期间，以"合作队员"的身份向海外派出6艘军舰扫雷，这是日本战败后第一次向海外派兵。2009年，索马里海盗猖獗，日本海上自卫队积极派遣舰船开赴索马里海域护航，同年6月19日，日本众院投票通过了《海盗对策法》，并且决定在位于非洲东北部亚丁湾西岸的"吉布提"建立打击索马里海盗的军事基地，并在该基地部署了2架P-3C反潜巡逻机。这是日本战后在海外建立的第一个军事基地，具有非凡的意义。"吉布提"位于非洲东北部，亚丁湾西岸，面对红海南大门的曼德海峡，地处欧、亚、非三大洲的交通要冲，扼守红海入印度洋的咽喉。凡是北上穿过苏伊士运河开往欧洲或由红海南下印度洋，绕道好望角的船只，都要在"吉布提"港上水加油，其战略地位十

---

① 汤晓迪、李旭东、孔大伟：日本海上自卫队反潜力量现状及其发展，《舰船电子工程》，2010年第7期，第28-31页。

分重要，被西方称为“石油通道上的哨兵”。① 从这点上似乎可以嗅到日本谋求改变现有的状况，建构进攻型、扩张型海权战略的端倪，而这个海外的军事“落脚点”注定要在未来扮演重要的角色。

第四节　日本海权战略对中国的影响

一、日本海权战略对中国的威胁

日本从以往的专守防卫逐渐转向外向型、进攻型的海权战略对中国有着相当得威胁，主要表现在以下几个方面：

第一，日本进攻型和扩张型的海权战略对中国国家安全的威胁是有历史前科的。纵观历史，日本海权战略虽然经历了不同的阶段，但其战略本身富于进攻的特点从未改变，这是由其国家和民族的特点所决定的。而这一富于进攻的特性对于与日本在历史和地缘方面存有诸多联系的中国而言，是非常危险的，需要小心警惕。纵观日本的海外发展史，每一次的海权发展都伴随着对亚洲国家尤其是对中国的侵略，中国辽阔的大陆和丰富的资源一直都是日本所觊觎的。

第二，挤压中国海上空间。日本海权战略需要建立一支强大的海上力量，以重新获得亚太制海权，保卫自己的海上权益及远洋利益，而又由于日本与中国大部分“海上生命线”重合，中日之间有着天然的结构性冲突，日本海上力量的增长，必然导致中国在东海、南海等海域力量的萎缩，挤压中国的海上发展空间。

第三，威胁中国传统安全和非传统安全。日本防卫省智库“防卫研究所”，2012 年发布了侧重分析中国海洋动向的《中国

① 陆海英：日本建立海外军事基地的海洋战略分析，《重庆科技学院学报（社会科学版）》，2010 年第 8 期，第 24－26 页。

安全保障报告 2011》。该报告认为，中国海军将以参加远洋合作为理由，除了计划着手建造大型补给舰之外，将来也可能寻求拥有开展远洋活动的海外基地。报告指出“中国在亚太地区实施旨在威慑美国军事干预的所谓‘反介入’战略，中国正在寻求打造优于美国的海军力量，以及为发生实际冲突服务的威慑力和战备能力”，①主观臆断中国想改变国际体系和规则，抛出了所谓的“中国海权威胁论”。日本利用这种论调建立海洋国家的“新海权观”，堂而皇之地大力发展本国海上力量，在美日军事同盟的基础上，向外积极寻求发展空间，将严重威胁到中国的传统安全和非传统安全。

在传统安全上，最为突出的是威胁到中国的领土完整，中日之间钓鱼岛之争不是一朝一夕就能解决的，而是一场持久战。日本外向型、进攻型的海权战略将会推进日本海上力量的大发展。在军事上，从 2010 年开始，日本相继发布《防卫白皮书》、《关于 2011 年以后的防卫计划大纲》、《东亚战略概观》、《中国安全战略报告》等对中国海军活动的威胁进行大肆渲染，将中国海军的正常发展渲染成是 种国际和地区安全的隐患。把中国作为主要“假想敌”，日本在 2010 年开始加入美韩联合军演，在日本海、东海、南海相继多次进行了有针对性的联合演习。在 2012 年，日本不再以观察员的身份参与，而是直接派上自己的海上自卫队参与演习。此外，日本在“加强西南诸岛防卫”的战略指导下，还在冲绳某岛进行大规模的夺岛演习。同时，日本积极拉拢与中国有领土纷争的菲律宾、越南等东南亚国家，并通过

① 日防卫省智库防卫研究所发布《中国安全保障报告 2011》，见新华网：http：//news.xinhuanet.com/mil/2012－02/13/c_122696046.htm，最后浏览日期 2013 年 4 月 10 日。

密切日印军事合作、日澳安保合作、日韩军事合作，构建对华的包围圈，意在遏制中国，挤压中国海权的发展空间，维护其在亚太的海上地位，这些都对我国构成了威胁。

在非传统安全方面，威胁到我国在东海、南海的海洋资源安全、海上通道安全等。为牵制中方东海春晓油气田的开采，日本授予帝国石油公司东海资源"试开采权"，并与2007年通过《海洋建筑物安全水域设定法》，这项法律旨在为日本企业在东海"中间线"西侧海域勘探及测量调查，提供安全保障。日方不仅用"试开采"牵制春晓油气田投产，而且企图通过移动"建筑物"设置"安全水域"，阻止中方越过"中间线"执法维权或开采海底资源。① 此外，日方依仗自认的亚洲一流海上力量的实力，依据单方面划定的"中间线原则"，在东海中日有争议海域开采油气资源，威胁到我国的海洋资源安全。

同时，日本积极插手中国南海问题，为菲律宾提供援助(ODA)，包括军事装备的支持。与越南联合开展南海军事演习，签署防卫合作备忘录。日本此时搅入南海问题，实则是为了自身南海航道安全，积极拉拢越南、菲律宾，企图构建对中国的封堵圈，威胁我们的"海上生命线"的安全。

二、中国应对日本海权战略的对策

新世纪以来，沿海国家之间因海洋国土划分出现的新矛盾更加复杂，争议以至争夺的趋势明显加剧，海洋比以往的和平年代更带有军事威慑的色彩，某些海域的军事威慑已经远大于陆地。针对日本咄咄逼人的海权战略，我们必须采取相应措施，以捍卫国家主权、领土完整，保护国家安全，维护中国合法的海洋

① 李秀石：日本海洋战略对中国的影响和挑战，《学术前沿》，2012年第7期，第55-60页。

权益，打破日本海权战略对中国的包围态势，为中国走向真正的海洋强国创造良好的战略环境。

第一，改变观念，树立“蓝色国土”海权意识。海洋在各国发展中扮演着越来越重要的角色，一国能充分经略海洋，就能更好地保障本国的安全稳定、促进经济发展和提高综合国力。而我国改革开放到现在，发展成为对外界的依赖越来越高的外向型经济，而依赖海洋通道的外向型经济就必然要召唤强大的海权。[①] 这就需要我们改变传统的陆权观念，牢固树立“蓝色国土”海权意识。从思想上去认识海权战略问题，树立大国土观念、不断提高捍卫祖国海洋国土和海洋权益的能力。

第二，转变我们现有的海权战略。日本海上自卫队虽然不成“军”但是其实力是世界公认的，也是目前亚洲一流的海上力量，而且在美日安保条约下其实力不断壮大。日本在美国撮合下与韩国、菲律宾和澳大利亚进行多方面合作，企图对中国“入洋”进行封堵，这种包围态势使中国海疆安全和海洋主权面临巨大挑战。同时，东南亚方面如菲律宾、越南也都大力加强自己的海军力量，对我们的海上安全构成威胁。再者，中国近年经济发展迅猛，在海外的利益上有了更多的安全诉求，“近海防御”的海权战略已经不能适应时代的发展，时代需要我们逐渐将“近海防御”的海权战略向“远洋防御”转变。而要实现这一转变，就必须建立强大的海权，拥有一支能远洋防御、远洋护航的海军。

第三，拥有威慑日本“海上生命线”的能力。中日之间的地缘特点，使得双方具有天然的结构性冲突，“海上生命线”大部分重叠，一旦冲突发生，海上就属“零和”关系。如果一方控制了生

---

① 倪乐雄：从陆权到海权的历史必然——兼与叶自成教授商榷，《世界经济与政治》，2007 年第 11 期，第 22 - 32 页。

命线，即控制了一国命脉，这对该方都是致命的威胁。因此，我们除了需要建造一支能确保自身“海上生命线”安全的海上力量之外，也要发展中、远程导弹覆盖其重要航道、港口、能源、军事设施等，形成军事威慑力，有在必要时候对日本“海上生命线”进行打击的能力。同时，我们还需要积极创造条件逐渐改变对“海上生命线”的依赖。积极与周边国家加强合作，利用海外港口由陆路进行运输，从而逐步破解马六甲困局。目前，中国公司接管靠近霍尔木兹海峡的瓜达尔港经营权、援建坦桑尼亚的巴加莫约港，[①]以及开工建设中亚能源管道等措施都使中国逐渐减少对“海上生命线”的依赖。中国对生命线依赖的减少也就意味着日本“海上生命线”潜在的威胁增加。

第四，中国战略防御部署前移。加强在东南诸岛屿上的军事防御力量，积极建设在南中国海和海南岛的军事基地。从2012年日本防卫白皮书看，日本决定强化西南诸岛屿军事部署，强化离岛防卫与应变。中国依托东海、南海的丰富的岛屿资源，依托大陆岸基力量，积极推进防御部署，建立雷达站、机场等设施，加强在东海和南海的控制力量。

第五，在坚持原则的前提下，尽可能地分化美日同盟。日本一直将“美日同盟”视为自己对外关系的基石，日本在钓鱼岛问题上不断挑衅，表现出的强硬的底气，皆来自“美日同盟”。但是“美日同盟”并非是牢不可破的，双方之间依然有着不可明说的“小算盘”。“美日同盟”是建立在美国对日本的控制和自身战略利益的基础之上的、这个同盟并非是源于自愿或者对等性质的盟约，而是日本被强行捆绑其上的美主日从的主仆同盟。美国

① 何奇松：印度蓝水海军建设及其对印、中、美海上关系的影响，《学术界》，2013年第7期，第45－59页。

通过“美日同盟”对日本的军事、经济、政治等领域进行严密监控，以保护自己在东亚的战略利益。而日本则在“美日同盟”下小心谨慎、夹着尾巴努力发展自身经济，希望通过经济的发展改变现状，摆脱“美日同盟”，实现国家正常化、军事大国化。“美日同盟”这种无法调和的矛盾给了我们分化的可能，我们应该在坚持原则的前提下，积极促进中美关系的发展，通过经济、贸易、安全等方面的合作，发展互利合作的双赢格局。尤其是要加强中美双方军事交流与合作，让美方能更加客观地认识到我们没有与其争霸的野心，增进双方互信。

第六，加强同俄罗斯的海上安全合作。美国的“重返亚太”战略激化了亚太地区一些国家间的矛盾，尤其是与中国的矛盾。仗着“美日同盟”的日本不断挑衅，严重危害了地区安全。亚太地区的安全、稳定，是中俄以及热爱和平的国家共同的诉求。中国和俄罗斯历来反对用武力解决复杂的国际问题，反对无视国际法和他国利益的行为，反对霸权主义。中俄应积极深化海上安全合作，积极应对破坏地区安全、稳定的行为，继续深化海上航行安全、海上资源安全、海上环境安全等多方的合作，共同维护亚太地区的安全稳定。

第七，加强中日经济合作，在经济上锁定日本，以经济遏制其军事妄动。中国已经连续五年是日本最大贸易对象国，截至2012年12月，中国是日本第一大贸易伙伴、第一大出口目的地和最大的进口来源地。[①] 2013年1月至9月，中日的贸易额达到了2 257.4亿美元。中日经济联系越来越紧密，即使在钓鱼

---

① 见中华人民共和国商务部网站：http：//countryreport.mofcom.gov.cn/new/view110209.asp?news_id = 33312，最后浏览日期2013年7月。

岛问题争端期间，中日之间依然保持着繁荣的经济合作态势。从某种意义上说，日本的经济想要继续保持繁荣就绕不开与中国的合作。我们应该继续加强与日本在经济上全方位的合作，从经济上锁定日本，促使日本在军事妄动之前掂量一番轻重。

孙子兵法有云："昔之善战者，先为不可胜，以待敌之可胜"。中国经济正在蓬勃发展，在发展的天平上中方处于有利的一面，时间在我们一方，应继续延循"韬光养晦"的政策。我们完全可以通过继续加强与周边国家在尽可能的范围内合作，继续推进睦邻友好政策，积极努力改善和东南亚部分国家，以及日本的关系，为我们的发展创造良好的外部环境，等到我们的经济、军事等实力发展到一定水平，今天困扰我们的问题在将来或都可迎刃而解。

第三章　奥巴马第二任期的美国海军政策调整与展望

赵雅丹

美国海军，当今世界上仅存的巨无霸，其能力远远超过世界各国。美国也依靠其海军成为唯一一个全球驻军的国家。有人戏称，唯一能打败美国海军的力量只有美国国会。可惜这个戏言不幸言中——奥巴马上台以来，经历了严重的经济危机，又将在第二任期面临“财政悬崖”，美国军费支出下降了5%，海军军费下降了9.14%。美军在财政不支持的情况下，只能考虑如何把钱花在刀刃上——一切以未来战争需要为重。美国军费的缩减成为海军的扼喉之手，2013年美国海军舰队的编制将从285艘减少至235艘，多余的舰船将进行封存，训练和研发费用也会减少。这将对海军实力的维持以及未来发展形成一定的影响，并在一定程度上人为降低了与其他国家海军实力的差距。尽管美国海军进行了封存，其实力依旧能够在某一地区维持着绝对优势，并为其未来的外交政策提供硬实力保障。

第一节　美国海军政策调整的影响因素

任何一个国家的海军政策均服务于国家战略。海军的作用和功效，即何时、何地、面对何人、是何目的的投入海军、投入的程度与达成的效果都取决于国家战略、国家安全战略的指导。而且，海军战略不同于陆军战略之处在于，无论是在和平时期还是在战争时期都需要海军战略。海军战略不仅是战时要考虑，在和平时期也要有意识地为战争做准备——注意周边均势。这种国与国之间的关系同其他要素一起决定着本国舰队的建立和规模。“一只胜任的海军，……胜任并不单单依赖于现存的实力均势，……还必须考虑到妄图打乱这种均势的富有明显威胁性的政策。”①美国海军也是美国达成国家战略的重要工具。而国家战略中，最基础的一环就是在国际环境中考虑敌人是谁，并以此来制定相应的安全战略、海军政策和发展相对应的军事实力。

一、谁会成为美国的敌人?

虽然冷战结束后，美国一段时间内依旧因为惯性想要寻找新的大国作为其敌人，但是“9・11”事件后，美国有了新的敌人——恐怖主义。于是，美国认为敌人可能是恐怖主义或新崛起的大国。但是美国国内对这两派敌人孰先孰后、孰轻孰重有过长期的争论。只有准确预测未来敌人的主要类型，才能在有限的财政拨款中发展针对性的战略部署和军力配置。

小布什任期内，美国更为关注恐怖主义这一敌人。不过小

① [美]艾・塞・马汉.海军战略[M].田常吉，等，译.北京：商务印书馆，2003：103－104.

布什将恐怖主义泛化,认为世界各国主要分成两类——站在美国这一边或站在恐怖主义一边,不表示站在美国一边的国家就是美国的敌人。小布什过于简单的划分,引起了世界上许多国家的不满。因此,奥巴马 2008 年上台后,采取了更加温和的外交政策,极力撇清自身与小布什泛化恐怖主义观点的关系。在奥巴马公开讲话中较少甚至一直不愿涉及“恐怖主义”的词语,并称在阿富汗的作战是针对塔利班和基地组织的军事行动。奥巴马对敌人的认知也有别于小布什,在其第一任期内没有过分强调恐怖主义,也没有过分强调某一个大国可能成为其潜在敌人,而是集中于多项可能对国家安全和价值观造成威胁的任务,比如:核扩散、网络战和国际人道主义危机。2011 年 4 月出版的《国家军事战略》,认为国家的未来军事目标将集中在:打击极端主义,反侵略,强化国家地区安全和主导军队发展。

奥巴马总统在第一任期内就积极推进着伊拉克和阿富汗撤军。2011 年美军从伊拉克全部撤军。2011 年 5 月 2 日,美国在巴基斯坦猎杀了本·拉丹,赢得了反恐战争的标志性胜利,同年 6 月 22 日奥巴马宣布从阿富汗开始撤军,1 万名美国士兵于同年底撤出,2012 年年中再撤出 2 万 3 千名。美军在阿富汗的作战任务将从打击转向军事支援,阿富汗将于 2014 年负责自己的安全。其他国家驻阿富汗安全部队也将裁撤。随着伊拉克和阿富汗战事的结束,奥巴马在第二任任期内,更可能会关注国际秩序和地区稳定。所以,在奥巴马第二任期内,美国的敌人更多是指威胁、破坏国际秩序、地区稳定的国家。与邻国冲突、支持恐怖主义的国家毫无疑问是美国的敌人,应当予以压制。目前美国对叙利亚、伊朗和朝鲜极其关注,害怕其改变地区的局势,发生人道主义灾难。不过美军目前主要依靠综合运用外交手段、军事威慑和战争边缘向这些国家施加压力,避免地区不稳定。

还有一种正在崛起的新兴国家，如中国、印度，正在经济、军事领域快速成长，也在改变着亚洲甚至世界的均势。因此，亚洲是美国必须关注的关键地区之一。不少学者、观察家担心新兴大国会成为北约或美国的威胁。但是这些新兴国家的兴趣点并不和西方的一致，他们更为关注经济领域，因此也不一定走上大国兴衰的老路，而对美国形成安全挑战。在利比亚事件上，这些新兴国家也未参与联合国安理会的行动，再加上各自的利益不同也不会形成新的军事联盟。另外一些美国、北约的学者、官员反倒担心新兴国家仅仅从现行的国际秩序（经济全球化）中受益，却未能承担起足够的责任。因此，这些国家对颠覆国际秩序兴趣并不大，更像是游离在外的利益享受者。北约秘书长认为全球秩序中有许多的受益者，却较少有保护者——主要是美国和欧洲，更多的国家（包括新兴国家）都在搭便车。但是在军费缩减的今天，欧美作为保护者的军事实力渐渐力不从心。所以他呼吁国际秩序的受益者都要承担起相应的责任。美国一方面通过对新兴国家与国际秩序关系的判断，决定是敌是友；另一方面要有能力在上述地区减少冲突、维持稳定。

二、美国国家安全政策的调整

美国从布什任期到奥巴马任期，经历了从全力支持战争到有限战争，从致力全球反恐到维护全球驻军、关注重点区域、重返亚太的转变。

在恐怖袭击的高潮时，美国的海外驻军成为恐怖主义的刺激物和目标物。拉姆斯菲尔德认为美国拥有强大的兵力投送能力和机动能力，因此并不需要海外驻军，主张关停海外基地，全线收缩。拉姆斯菲尔德等认为关闭海外基地、依靠强大的海空投送能力足以应对突发性冲突，但是他们忽视了时间、空间、后勤和政治的诸多限制。就像两次伊拉克战争所显示的那样，部队的集结和投送花费了几周甚至几个月的时间才形成了战斗力。面对不可预测、瞬息万变的新型冲突和战争，已经不可能有如此长的时间供部队集结了。

除了战争的时效性，目前威胁国家安全的邻国冲突、恐怖主义、大规模杀伤性武器、网络战的作战范围均超出国境线，形成了全球化的趋势，仅仅加强国内的安全建设并不足以应付这些威胁，仅仅依靠软实力也很难消除这些境外威胁，所以军事力量在 21 世纪依旧是地缘政治的关键因素。阿拉伯之春和利比亚战争的突发性，说明了国际秩序和地区稳定的变化可能是随时随地的，只有全球部署才能在威胁出现时快速反应，阻止事态的扩大。因此，与拉姆斯菲尔德不同，奥巴马认为在全球的关键地区驻军，能够有效地对潜在敌人形成威慑。“当美国依旧受益于全球化和现行国际秩序，而海外部署有利于维护该环境时，美国不应该缩减海外部署。”①

全球驻军正是美国基于对敌人的判断做出的选择，而全球驻军的目标就是维护地区均势和现行国际秩序。从军事角度观察，全球驻军的好处，一是保证了快速反应能力、情报搜集分析能力、远距离作战能力，另一个是维持一定的兵力能够增加获胜的概率。美国并不是要依靠全球驻军回到 19 世纪的炮舰外交，而是在一个难以预测的环境中，必须掌握一定的硬实力才能实现和平。军事途径虽然不会解决冲突，但可以成为政治努力的必要工具。全球驻军的安全战略并没有取代盟友的作用。美国认为维护和平的责任不应该仅仅属于美国一家。温和的奥巴

---

① Michele Flournoy, Janine Davidson. Obama's New Global Posture: the Logic of U.S. Foreign Deployments [J]. Foreign Affairs, 2012, Jul/Aug: 55.

马强调“美国必须关注其在应对威胁、消除冲突上的领导作用，要通过盟友和海外驻军的联动维护国际秩序”。[①] 美国的海外驻军要帮助维护地区稳定的国家提升军事实力，特别是帮助关键盟友获得应对冲突的能力，和盟友建立良好的伙伴关系，确保美军实力能够保障本国在该地区的利益。

亚洲无疑是全球驻军的重点。欧洲动荡日减，亚洲的均势正在发生变化，其中中东和东亚的局势极为微妙。美国认为叙利亚内战、伊朗核问题、朝鲜核问题都可能成为打破亚洲均势的因素之一。中国与经济、国家发展相适应的军事力量的发展，引起了美国在亚洲的盟友不恰当的不安和敌视。美国极其关注中国的军事现代化，日渐强硬的国家立场，以及对美国利益、军事平衡、地区稳定和国际社会的影响。新国防战略纲要再次强调，美国的经济和安全利益与西太平洋、东亚直至印度洋、南亚地区的发展“不可分割地联系在一起”，因此，美军必须在亚太地区实施再平衡战略部署。[②] 美国一方面希望和中国成为建设性的伙伴关系，而非军事竞争关系。这意味着建立良好的两军关系，以拓展利益、增进理解、减少误解和降低战略误判。另一方面，面对中国日渐增强的军事实力，特别是在反介入和区域封锁领域的实力及海军实力的增强，美军海空军联合推出“海空一体战”，同时更加强调和亚洲盟友的合作。2011 年 11 月，国务卿希拉里·克林顿曾为《外交政策》撰文，指出“未来十年，美国最重要

① Michele Flournoy, Janine Davidson. Obama's New Global Posture: the Logic of U.S. Foreign Deployments [J]. Foreign Affairs, 2012, Jul/Aug: 57.

② U.S. Department of Defense. Sustaining U.S. Global Leadership: Priorities for 21st Century Defense [EB/OL]. [2012-01]. http://www.defense.gov/news/Defense_Strategic_Guidance.pdf.

的任务之一就是不断向亚太地区增加外交、经济、战略及其他方面投入。”因此，美国扩展了与菲律宾、越南、马来西亚、巴基斯坦、印度尼西亚、新加坡和大洋洲各国的军事合作、交流和演习。美国的平衡战略不仅仅针对中国。实际上，亚洲盟友与美国期望维护国际秩序的目标并无一致，其盟友更多期望借助美国的保护扩大自己的利益，甚至可能制造事端引发中美冲突。为此，美国的再平衡战略也对亚洲盟友有一定的制衡。与欧洲不同，美国并未隐居幕后而是交由欧洲盟友承担更多的责任。在亚太地区，由于朝核问题、台海问题、日本的国家特性，美国更多的是亲力亲为，可以说是维护亚太稳定的至关重要的平衡者。即使美军军费未来十年都处于减少的境地，上述地区的重要性以及战备的优先性只会增强，对其他地区的关注只会减少。

三、海军政策的延续性

冷战时期，美国海军奉行远洋战略，与苏联海军展开激烈竞争，把争夺公海霸权作为维护国家安全的基石。20 世纪 90 年代以来，随着冷战的结束和美国外交战略的调整，美国海上战略也发生了相应的变化。美国海军是与国家战略、外交政策紧密相连，为其全球政治和外交政策服务。未来，美国海军将会为维护国际秩序和地区稳定发挥更大的作用。可能的主要战斗形式将从两个大国海军在公海决战为主转向兵力不对等的、近海的战斗。

依照未来战争的需要，空军的侦查能力和续航性、情报分析能力、快速部署能力尤其重要。那么，海军的作用是否会被空军和导弹部队取代？海军诞生于商业全球化下护航以及依靠武力开拓市场的需要。海军和商业是相辅相成的事物。对外依赖的经济结构一旦形成，海军就必然成为国家重点发展的方向。现在的经济全球化已经不需要武力开拓市场，但是自风帆时代起，大国战争中海军就成为对敌国实行经济封锁、保护本国航道和经济的重要工具。这个定律到现在依旧没有变化。美国的海军遍及全球，也是为了保护其遍布全球的商船和航道。这个功能并没有因为导弹的发展、空军的发展而减弱。冷战后，美海军仍坚持其在冷战时期所宣布的控制16个海上咽喉航道——霍尔木兹海峡、苏伊士运河、巴拿马运河、马六甲海峡、望加锡海峡、巽他海峡、朝鲜海峡、曼德海峡、波斯湾、直布罗陀海峡、斯卡格拉克海峡、卡特加特海峡、格陵兰—冰岛—联合王国海峡、佛罗里达海峡、阿拉斯加湾、非洲以南和北美的航道。在90%的世界贸易运输依靠海运的今天，这些海峡可控制舰船航行和缩短海上航程，战略意义不言自明。而这16个关键水道也不可能完全依靠空军或陆军来守卫。亚丁湾海盗的猖獗影响了国际航运，为此各国组建护航编队，都是为了保护商船和本国经济。可见，使用海军的目的之一依旧是维护经济和海上生命线。

海军另一大重要性就是其机动能力和兵力投送能力正是全球驻军所必不可少的。战场的胜利取决于战场的火力，海战的胜利取决于战场的舰船数量、火炮火力。在缺少机动能力的情况下，全球驻军无疑需要在陆地上部署大量的兵员和武器才能维持在某地区的强势地位，并对潜在敌人形成威胁。在有限的兵力条件下，一国可以利用兵力投送能力，短期内在某一地区形成兵力集结。空运和海运两种运送方式相比较，无疑海运更加容易形成规模而且运费低廉。在全球的关键水道和重点地区少量的驻军，在危险发生时，可利用海军迅速集结兵力。“所有这些在机动能力上的有利条件在时间上便意味着快速；而这种运动所需时间的减少则意味着所行距离的增大，这就便于压倒兵力分散或毫无戒备之敌。”①目前美军事基地布局的主要特点是：以本土基地为核心，以海外基地为前沿，点线结合。前沿少量存在，本土重兵机动，中间依靠海军进行机动。正是依靠远航能力，海军能够达到遥远的领属关系未定或境外政治力量薄弱的地区，并施加政治影响。前沿基地使美国在战时就获得了比敌人更加有利的位置，掌握战场的主动，其舰队在背后既有可靠的位置可供依托，又有防护严密的交通线可同本土紧密相连，于是贸易、运输和补给等各种活动均可自由进行。当敌对双方兵力大约相等时，对方是不会冒险进入这样的海域。无人机的多功能研发也许会改变未来的战争方式，但是当前无人机尚以侦查为主要职责，美军的机动和兵力投送依旧主要靠海军来完成。海空军一体化联合作战还对海军提出了更高的要求，要求海军具备为联合部队提供战略海运、海上防御和对陆打击能力。②海军在一段较长的时间内，依旧是不可替代的。

第二节　美国海军政策的调整

美国强大的海军，依旧是保护国家经济、维护全球驻军、打击敌人的重要工具，依旧是全球最具影响力的海上力量。英国国际战略研究中心（IISS）、Globalfirepower 组织和简氏战船年鉴 2011—2012 公布的数据中，美国现役部队总兵力为 156.9 万，③

① ［美］艾·塞·马汉.海军战略［M］.田常吉，等，译.北京：商务印书馆，2003：121.

② 杨震.论后冷战时代的海权［D］.复旦大学，2012.

③ IISS. The Military Balance 2012: the annual assessment of global military capabilities and defence economics ［M］. London: Routledge, 2012: 34.

其中海军 27.1568 万士兵、海军陆战队 18.0568 万士兵。[①] 美国海军拥有 290 艘舰船。[②] 目前拥有 10 艘尼米兹级航空母舰；"福特级"首舰"福特"号航母在建，预计 2013 年下水，2015 年服役。战斗舰艇包括：提康德罗加级巡洋舰 22 艘，伯克级驱逐舰现役 62 艘，佩里级护卫舰 17 艘，自由级濒海战斗舰 2 艘，独立级濒海战斗舰 2 艘，复仇级扫雷舰 14 艘，海岸巡逻舰 8 艘，2 艘 XX－D 级先进驱逐舰在建。潜艇包括：俄亥俄级弹道导弹核潜艇 14 艘，俄亥俄级巡航导弹核潜艇 4 艘，洛杉矶级攻击型核潜艇 42 艘，海狼级攻击型核潜艇 3 艘，弗吉尼亚级攻击型核潜艇服役 9 艘，在建 5 艘，目标建成 30 艘替代洛杉矶级。

财政紧缩的情况下，美国海军政策的此番调整选择了依旧保持海军的全球第一地位。而在各军种的发展指导意见中，鉴于美国海军实力明显高于其他国家，海军没有获得如空军一般的强力发展力度，但是也没有如陆军一般成为主力裁军的方向。不过其自身的发展还是受到了军费下降的影响，面临着规模缩减、提前退役、更替延迟等诸多情况，内容涉及部队能力、舰队结构、兵力部署和国际关系的方方面面，必然会对美国海军、美国外交政策以及未来全球政治格局和海上安全形势的变化产生深刻影响。

一、军费下降

2007 年经济危机爆发以后，美国前任国防部长盖茨在多份文件中提出缩减军费，以及如何缩减军费。2011 是美军国防政

① IHS. Jane's Fighting Ships 2011－2012［M］. London：Janes Information Group，2012：902.

② 数据来源：http：// www. globalfirepower. com/country-military-strength-detail. asp? country _ id = United-States-of-America. 最晚见于 2013 年 3 月 2 日。

策的转型期。先是2011年6月30日，国防部长盖茨卸任。随后，中情局局长帕内塔和国防部副部长威廉·林恩也相继离职。之前担任美国国防部采购、技术和后勤副部长阿什顿·卡特于2011年10月6日接任国防部副部长。帕内塔和卡特都具有丰富的和华府打交道的经验。帕内塔，1977年至1993年任国会议员，在财政拨款方面，颇有经验，一度是国会众议院财政委员会的主席，而且在克林顿任总统期间，担任过白宫的财政办公室主任。帕内塔一直致力于依据现实需要和实际效果缩减国防经费，而不是简单地缩减政府支出。不考虑结果的经费缩减只会使军队缺乏训练和良好装备，因为应对突发事件无效率而使人民不满。

早在2011年《预算控制法案》中五角大楼就已经决定2014年缩减预算，并且未来十年军费都将成紧缩趋势。可是没想到，财政悬崖来得如此之早。终于军费在奥巴马的第二任期得到了缩减。2013年1月7日，美国五角大楼财务总监罗伯特·黑尔(Robert Hale)表示，国会“财政悬崖”问题临时决议或许将致使五角大楼2013年开支缩减450亿美元。① 2013年2月13日，美国国防部公布了2013财政年度(2012年10月—2013年9月)国防预算案(包括战争经费)，预算额超过6 139亿美元，比2012财年减少了约5%，是“9·11”以来的首次下降。其中，2013财年预算中的战争经费也比上一年削减了约27%。除战争经费外的预算约为5 254亿美元，其中海军预算为1 559.2亿美元，比2012财年批准拨款减少约9.14亿美元，海军军费预算将下降9.4%。美国国防部长帕内塔表示，未来10年的削减目

① 美国军方2013年开支或因财政悬崖缩减450亿美元[EB/OL].南京日报(2013-01-18)[2014-03-12]. http://www.njdaily.cn/2013/0108/298585.shtml。

标总计为 4 900 亿美元。①

二、军舰封存

由于美国国会坚定地执行财政紧缩，海军开始认真考虑预算出现 4 至 9 亿美元的缺口可能对海军行动部门和维修部门产生哪些影响，并认真考虑如何把这些影响降到最低。2012 年 10 月美国海军就透露了准备封存部分舰艇以应对海军军费缩减，如果 2013 军费减少成为定局，美国海军舰队的编制将从 285 艘减少至 235 艘，②多余的舰船将进行封存，相应的每只舰队的服役人数也将减少，训练和研发费用也会减少。在预算讨论期间，海军部门积极地向国会争取经费，避免影响过大。美国海军作战部副部长马克·弗格森上将指出 2013 财年军费的缩减会影响海军所有部门，“从 2013 年 1 月到 9 月长达 6—8 个月的军费缩减会在部门内造成明显的破坏”，不仅仅会影响战斗部门，还会影响研发等部门。其中影响最大的是舰队行动和维护部门、2013 年 1 月 2 日后的海军采购合同以及将海军舰艇增至 330 艘的造舰计划。由于 2013 年 3 月 1 日晚，仍然没有一个预算协议达成，“预算控制法案”自动生效。海军部长瑞·麦伯斯于 2013 年 3 月 2 日宣布，海军将立即开始削减支出，以满足所规定的财政紧缩。③ 海军计划如下：④

---

① 美国公布 2013 财年国防预算　战争经费大幅缩减[EB/OL]. 凤凰网(2012 - 02 - 14)[2014 - 03 - 12]. http://news.ifeng.com/mil/3/detail_2012_02/14/12503759_0.shtml。

② Grace Jean. USN reveals preliminary plans for sequestration. Jane's Navy International [J]. 2012(11): 6.

③ Navy Announces Response to Sequestration [EB/OL]. http://www.navy.mil/submit/display.asp?story_id=72469.

④ Department of the Navy Response to Sequestration [EB/OL]. http://navylive.dodlive.mil/2013/03/02/department-of-the-navy-response-to-sequestration/.

- 4 月，关闭舰载机 2 队（CARRIER AIR WING TWO (CVW-2)），并在年底之前逐步减少其他三个舰载机联队的飞行训练时间，其中两个以上的舰载机联队仅维持在最低安全飞行水平；
- 推迟在中南美洲的人道主义部署，包括支援舰船、海岸维修部队和医疗单位；
- 自 4 月份起，在多个责任范围取消或推迟部署多达 6 艘舰船；
- 4 月开始，在太平洋司令部部署四个作战后勤部队（CLF）；
- 尽早撤回肖普号驱逐舰（USS Shoup (DDG-86)），不再护送尼米兹号航空母舰（USS Nimitz CVN-68）前往中央司令部；
- 尽早撤回“佩里”级加长型护卫舰“撒克”号 USS thach (FFG-43)，不再前往南区司令部。

同时海军部还要：

- 立即为修改采购合同继续谈判，因为封存和削减军费可能会造成没有资金支付剩余合同。受影响的主要采购方案涉及提前采购的弗吉尼亚级攻击型核潜艇，反应堆动力装置和联合高速船（JHSV 10）（弗吉尼亚级成军后预计取代洛杉矶级潜艇，均由纽波特纽斯造船公司、通用动力电船公司联合建造。预计平均成本 16 亿 5 千万美元一艘，计划建造 30 艘、每年造 2 艘，目前实际成本 23 亿美元一艘）；
- 暂缓海军陆战队维护项目，包括减少非全职劳动力；
- 3 月起取消飞行员的筛选、招募工作；
- 停止海军陆战队队员义务教育的入学学费资助；
- 3 月起暂停美国海军征兵广告以及尽量减少广告合同。

海军部还将“亚伯拉罕·林肯”号(CVN 72)、迈阿密号USS miami(SSN755)和波特号USS porter(DDG78)维修工作的推迟,推迟部署杜鲁门号航空母舰(CVN75)和“葛底斯堡”号(CG64),暂停招聘文官并计划解雇文官,减少与准备部署或下一步部署无关的所有训练。海军做出的这些调整都是为了维持驻扎在海外的前沿部署。所以,只能选择减少低优先等级地区的远期业务,明显减少行动部门、培训、维护的业务。封存只是军费缩减的第一步,后续还要讨论封存舰艇的维护方案,要明确封存的影响,并希望把影响降至最小。

除了海军要封存舰艇,还有海军陆战队也要封存。海军陆战队司令詹姆斯·阿莫斯指出由于海军陆战队体量更小,因此封存计划对其影响最大。“对别的军种封存只是打击,而对我们则是灭顶之灾。”①

第三节　海军政策调整对海军的影响

美国的核心国家利益就是维护经济全球化、自由贸易,提高美国国民福祉。经济全球化和自由贸易要求海上航运通道的畅通,美国海军更加关注别国海军的发展是否在一定程度上威胁了美国的航运通道和对16个海上咽喉的控制。这就是美国海权的逻辑。美国的战略目标并没有发生变化,但是军费缩减后,海军达成战略目标的能力是否受到严重影响呢?是否会影响全球驻军以及在某一地区的力量强弱?全球驻军符合美国对潜在敌人和未来战争的判断,缩减军费的海军也必然尽力保持完成

① Stackley. Continuing resolution complicates sequestration problems [J]. Inside the Navy, 2012, 25(43): 12.

目标的能力。花更少的钱维持军队的实力意味着必须平衡三个要素:规模、装备、训练和准备程度。美军在全面衡量装备现代化、军队体量、军事能力、前景和风险时,将会找出新的可行之法以实现战略的全部要求。

一、短期影响

1. 裁员的风险

军费的缩减首先涉及裁军。美陆军参谋长奥迪尔诺指出除减少美军现役部队的规模外,下一步的裁军计划还要裁撤一些部队。① 陆军和海军陆战队等将总计削减约 10 万人。这可能会为全球驻军的目标带来一定的风险。但是此时的军队已经和 10 年前的大不相同。现在的现役部队作战经验更加丰富、技术更加先进、与其他部队(如预备役、国民警卫队)协同度更高。因此,裁军的风险并不如预期的大。为弥补裁军可能带来的地区形势变动,奥迪尔诺还指出预备役和国民警卫队也应该参与全球驻军。

海军并没有成为裁军的主体,海军的军事人员所受影响更少。但是海军暂停了文员的招聘,条件进一步恶化时,还有可能对文职官员规模进行削减。美国海军文职人员范围非常广泛,上到海军的最高行政领导机构的海军部,下到各类后勤保障部门。美国海军现有文职人员约 32 万人,占美国海军总人数的 41%。海军部的文职人员约占 60%以上。海军的作战指挥机构海军作战部的文职人员约占 44%。海军陆战队司令部文职人员占 43%,军事海运司令部文职人员占 88%。② 文职人员在

---

① Raymond T. Odierno. The U.S. Army in a Time of Transition: Building a Flexible Force [J]. Foreign Affairs, 2012, May/June: 7.

② 数据来源: http://www.csscinfo.com.cn/cssclm/cssclm.asp?dbname=SYSTEM.船舶知识&ResultID=1&RecID=327.

美国海军建设中的功能也是全方位的，从高层的战略决策、中层的行政、人事管理到基层的文员秘书都由文职人员担任。部队中的高级指挥官有不少文职的顾问和助手。文职人员还负责海军后勤保障中武器装备的存储、维修和改装，营区的营建维护，军用物资的运输，部队的医疗卫生。文职人员的科学家、专家还担负着几乎全部海军武器装备的研制工作和各类专业技术性工作。上述文职人员可能面临着一定规模的裁撤，由此可能会使岗位因人员变动而缺乏效能，甚至可能造成优质人才流失。特别是，情报获取和分析任务的增多将会与文职人员的裁员产生矛盾——人员的减少，也意味着个人任务的增多，当个人任务增多到超过其处理能力时，将会降低组织的效率和效能，进而影响海军部门的情报获取及分析能力。裁撤中层管理的文职人员也可能会引起海军行政管理的暂时性的不适。

2. 短期内，美国对战争更为审慎

2011 年新制定的《四年防务评论》指出："当必须使用武力时，必须在战前考虑清楚如何使用、何时使用，谨慎评估行动的风险、收益以及不行动的风险、收益。"不过，全球驻军必须得到政府、国会、媒体和民众的政策和资金支持。2012 年奥巴马继任总统，而他面临的是已经既成事实的财政悬崖。虽然伊拉克、阿富汗战争结束减少了战争支出，美国新海上战略的实现很可能会由于预算不足而捉襟见肘。金融危机，军费下降，关停两场战争等事实，使美国更加期望盟友在冲突中共同承担责任。这些都会影响美国未来卷入冲突的性质和程度。这不意味着美国会裁撤全球驻军，作为一个超级大国，收缩阵线，从遍布全球的地区事务中脱身是很难的。而且，美国还要在地区事务中保障盟友和商船的安全。美国还是会为盟友提供军事支持。美国只是会更加谨慎考虑：①根据国家利益，介入冲突是否必须；②军事行动的性质和期限；以及③美国应该发展和维持何种兵种。这意味着美国不会介入所有军事突发事件，所以军事家、参谋必须开始考虑如何维持一个能应付各类复杂情况的多兵种行动部队。

军费的缩减已经对全球驻军造成了影响。美国对全球的政治、军事形势、美国在海外的战略利益划分了优先等级，重新确定其所需要的能力重点，并在平衡各方面需求的基础上，将有限资源向重点领域倾斜。低优先等级的地区驻军减少、武器配置减少，阿富汗、伊拉克撤军，把欧洲交给盟友，中南美洲部署推迟；而高优先等级地区将不受或较少受到影响，亚洲和中东是美国的重点。奥巴马将美国在亚太地区的存在和任务列为“首要之务”，不受任何军费削减措施影响。美国海军政策调整是美国战略重心东移在军事上的反映。

奥巴马称反恐战争已经结束，国会批准的战争经费也被大幅缩减，可见美国也无意再为发动一场反恐战争而派出大量军队。2013 年 4 月 15 日，波士顿马拉松比赛终点附近连续发生两起爆炸，造成 3 人死亡，上百人受伤。奥巴马 16 日就波士顿爆炸案发表最新声明，正式将此次事件定性为恐怖主义的行为。[①] 虽然极端主义卷土重来，但是考虑到国会的拨款以及国民对长期卷入反恐战争的不信任，美国再次向某国大量派驻军队反恐的可能性不大，此次波士顿爆炸事件会依靠国土安全局、联邦调查局、中央情报局小范围地予以解决。

由于军费的缩减，美国在处理高等级的地区事务时，也更为审慎。使用外交手段达成目标成为美国的首选。如果外交努力

---

① 美国马拉松赛遭恐怖袭击　连环爆炸 3 死百伤[EB/OL].(2013-04-16)http://news.163.com/13/0416/04/8SIAHKSI00014JB6.html.

不能达成目的，必要时可能会派出军队使局势滑向战争边缘，但是战争边缘更多是一种威慑和恐吓，成为达成目标的一种途径，实际的开战将会慎之又慎。外交努力和战争边缘协调配合将成为缺钱的美国经常使用的手段。2011 年 3 月 15 日叙利亚内战爆发。冲突期间，国际社会不断努力，呼吁双方停火、避免人道主义危机。2013 年 3 月 19 日，叙利亚政府军及反对派武装互相指责对方在阿勒颇省使用含有化学物质的武器，造成十余人死亡，数十人受伤。2013 年 8 月 21 日，叙利亚反对派指控叙利亚政府军使用化学武器攻击大马士革郊区，宣称多达 1 300 人遭杀害。叙政府军否认指控。在战争中使用化学武器，直接触碰到了美国设置的战争底线，8 月 27 日，奥巴马与英国首相卡梅伦通电话，一致认为因叙政府使用化学武器，决定数日内对叙境内圈定目标发起导弹打击，以“保护叙平民”。随后，美国开始调兵遣将。一周时间内，海军在地中海的军事力量增加了一倍，在这一地区执行巡逻任务的驱逐舰由 3 艘增至 5 艘，合计携带大约 200 枚“战斧”式巡航导弹。此外，海军还将配备 300 名海军陆战队队员和大量通信设备的“圣安东尼奥”号两栖攻击舰从地中海以西地区调遣至这一地区。美国国防部官员 9 月 1 日说，海军“尼米兹”号核动力航空母舰战斗群正驶向红海，准备好在必要时为美国有限打击叙利亚目标提供支持，因美国政府近期酝酿对叙利亚发动军事行动而增援部署。受联邦政府财政紧缩政策影响，美军在海湾地区只维持单航母，“尼米兹”号航母结束任务后前往热点地区继续待命，实际上恢复了美军在这一地区的双航母配置。俄罗斯海军在地中海水域有“无畏”级导弹驱逐舰和“亚历山大·沙巴林”号、“涅韦尔斯科伊”号、“佩列斯韦特”号大型登陆舰执行任务，后增派了“潘捷列耶夫海军上将”号大型反潜舰、“新切尔卡斯克”号大型登陆舰、“明斯克”号大型登陆舰和“亚速”号侦察舰、“尼古拉·菲利琴科夫”号大型登陆舰。一时间，战云密布，美俄两国似乎即将为了叙利亚而发生正面冲突。实际，双方都在运用“战争边缘”策略向对方施加压力。叙利亚虽然说不惧打击，但是还是选择了用化武换和平。2013年9月14日，俄罗斯外长拉夫罗夫与美国国务卿克里在日内瓦就转移或销毁叙利亚化学武器达成协议。美国依靠其强大的军事实力和调兵遣将震慑住了对手，再通过外交手段达成了目标。可见，军事依旧是达成政治努力的重要途径。在军费缩减的情况下，更多依靠战争威慑而非实际开战的做法对美国会更有利，而且效益更高。

3. 协同作战

在资源有限的情况下，还必须将钱花在刀刃上。因此，军费的支出必须考虑收益率，比如：维持重点军队的性能、按照作战要求选购性价比高的装备、减少指挥层、发展替代能源、提高军队运作效率等。在穆伦及其继任者加里·拉夫黑德上将的领导下，美国政府已经首次按照《21世纪海权合作战略》将国内三支海上力量（海军、海军陆战队和海岸警卫队）集合起来，实现联动，“阻止战争和赢得战争同样重要”。① 在此情况下，美国海军将会注意参与更多的共同防务行动，通过苦心经营维持与盟友的信任和合作，所以长期与他国的合作、海上执法的新形式（比如海上反恐、反武器扩散和反毒品走私）、区域海洋管理框架、能力建设、人道主义援助和救灾将成为新的工作重点。

为了有效率、有效果地进行战争，首先要强化海空协同作

① U.S. Chief of Naval Operations and the Commandants of the U.S. Marine Corps and U.S. Coast Guard: A Cooperative Strategy for the 21st Century Seapower [EB/OL]. (2007-10-17) http://www.navy.mil/maritime/MaritimeStrategy.pdf.

战。将制空权和制海权结合起来，既有有效打击能力又有机动能力，比较符合“减少风险，扩大收益”的战略想法。同时，还需要打破海军相对独立的、自成体系的传统思维。海军的构成既有水面舰艇、潜艇、航母从水面、水下、水上全方位的武力配置，又有海军航空兵、海军陆战队、海军舰艇人员的全面配置。因此相较于其他兵种，在作战时更加独立，武器配置上也容易产生不同标准而与其他兵种不能通用。而在新安全战略指导下，美国强调了海军航空兵和空军装备的通用性、海军和空军的战略战术协同性，并通过必要的军事演习和军事行动达成训练的目的。

二、长期影响

1. 缺少培训和训练将会影响军队战斗力

从长远来看，军费缩减引起的训练减少，也会影响美国军力的表现。由于地理位置和宗教信仰的原因，美国一度曾是一个不爱准备战争，也不想卷入战争的民族。因此美国在战争初期（特别是一战、二战）总是会有大量士兵伤亡，士兵也只能在战争中学习战争、积累经验。这种成长的代价是巨大的。经历过越战的军官成为高层后对这种战争代价进行了反思，开始在军队日常训练中更加注重实战的模拟，使士兵在战争前学习，从而形成战斗力并减少伤亡。这样的日常训练形成了今日美军良好的战争表现。但是此次战争经费的缩减和训练费用的缩减，已经减少了舰载机的飞行训练，仅仅维持最低安全飞行训练，而不是追求驾驶技术的熟练。未来更多部门的训练都会受到影响。目前影响尚不严重，因为刚经历了伊拉克战争、阿富汗战争的士兵训练有素、经验丰富。一旦训练有素的士兵大量退役、大量新兵替补进来，训练不足的劣势会体现得更加清楚。因此，一旦预算情况得到好转，训练费用将会立刻恢复。预算情况何时好转，还要看国内经济环境、两党的国会角力和海军部门的具体规划。

2. 规模控制将会导致任务过载情况

美国海军将会面临着舰队小型化和任务多样化之间的矛盾。2013 年，美国海军舰只总数将减少至 235 艘，但是美国海军的任务却在增加。从 2007 年起，战地指挥官对前沿海军部署的需求一再增长，其中对航母编队的需求增长了 29%，水面部队增长 76%，两栖战部队增长 86%，独立部署的两栖战舰只增长 53%。[①] 2012 年 1 月出台的《可持续的美国全球领导》新国防战略纲要强调：未来美军将更小、更精简，但更敏捷、更灵活、准备更充分、技术上更先进。[②] 目前的全球驻军除了作战需要，还必须关注多种多样的任务需求，比如：平叛、反恐、训练盟军、塑造战略环境和阻止危险地区冲突爆发等。如何在舰队规模可能缩小的情形下，继续保持美军在全球的影响力和各类型任务上的表现，将成为长期困扰美国海军的难题。

3. 采购合同受影响直接影响装备升级

对于伊拉克战争、阿富汗战争、利比亚战争所体现出来的战场特点，美国的军火采购计划也面临着调整。鉴于其海军实力无人能敌，美军未来将维持其海军实力。利比亚行动说明空军、特战队、情报部队和后勤部队成为达成政治目标的更有效途径，美国将更多的军费花费在性价比高的空军装备以及新式武器上，大力发展无人机、侦察机、预警机和空中加油机。就 2013 财年国防预算草案的具体内容来看，美国国防部将暂时搁置最尖端隐形战机 F－35 的采购等计划以缩减相关经费。

---

① U.S. Navy, Marine Corps, USCG. Naval Operational Concept 2010 [EB/OL]. http://www. Navy. mil/maritime/noc/NOC2010. pdf.

② U.S. Department of Defense, Sustaining U.S. Global Leadership: Priorities for 21st Century Defense [EB/OL]. (2012－01) http://www. Defense. gov/news/Defense_Strategic_Guidance. pdf.

美国海军的大批舰只将于2020年前后退役。美国原定的造舰计划是从2011年到2040年，平均每年花费159亿美元建造新舰替换旧舰。国会预算办公室甚至认为造舰费用可能高达每年190亿美元。① 但是目前的财政拨款，已经不足以更换新舰。预计目前封存的主要是即将退役的旧舰，而且可能为了添置新舰船封存更多旧舰，这些旧舰如在2020年还未得到财政支持而解封，估计会直接进入退役程序。

长远来看，美国在未来十年会迎来新一轮的海军大裁军，而上一次是依照华盛顿海军条约进行的海军裁军。所不同的是，1922年到1936年的“海军假日”时代（Navy Holiday），在美国主导和提议下，各国通过约定的海军吨位限制，终止了大型战列舰建造计划。幸运的是美国在1920—1930年代发展了航空母舰，才没有在二战中失去优势。美国已经不是当时的美国。这一次，第一海军强国人为缩小了与其他海军强国之间的差距，是对自己的10艘航空母舰的数量和能力远远超过其他国家的自豪和自信。不过，美军的这一举动，无疑和1885年英国制定的“两强”标准极其相像——英国海军必须保持足以与两个敌国的联合舰队作战的实力，海军的吨位标准相当于两个其他最强国的吨位综合，并以此来判定敌人以及敌人对自己的威胁。德国海军的快速发展威胁到了英国的两强标准，遂发生了第一次世界大战。美国也会关注其余大国发展航母，特别是核动力航母的进程，以及与该地区美国海军的实力对比。如果航母快速形成战斗力，并且数量多于美国在该地区的航母数量，则该国最有

① Congressional Budget Office. An Analysis of the Navy's Fiscal Year 2012 Shipbuilding Plan［EB/OL］.（2011－06）http://www.cbo.gov/sites/default/files/cbofiles/ftpdocs/122xx/doc12237/06－23－navyshipbuilding.pdf.

可能成为美国的假想敌。

第四节　美国海军政策调整对其亚洲战略的影响

亚洲是美国全球战略的重中之重。美国虽然将中东和亚洲视为最重要的两个地区。但是因为中东地区没有一个比较大的、有实力的国家,因而美国能够用战争威胁达到效果。但是亚洲,特别是东亚有太多有实力的国家,一般的威慑难以起到作用。美国的亚洲再平衡战略完全需要军事实力,特别是海军实力做后盾,有时甚至可能出现不得已为之的军事行动。

中国经济、军事的发展改变了东亚的均势,引起美国的极大关注。据美国国防部估计,2000 年现代化舰艇在中国潜艇和水面战部队中的比重均不到 10%,而至 2010 年已分别增至 56% 和 26%。中国军队有效控制海域和威慑距离也不断扩展至海岸以外 1 850 公里。[①] 中国第一艘航母已经下水,虽然要形成战斗力还需假以时日,与美国太平洋舰队的 6 艘核动力航母相比尚不构成威胁,但是其承载的军事现代化和远洋战斗能力意义已不容小觑。中国经常通过宫古海峡,穿过第一岛链,前往西太平洋例行训练。亚洲的均势正在向有利于中国的方面转移。而美国的亚洲盟友之一——日本老龄化严重、经济长期低迷,虽然还拥有世界最强的反潜能力,但是日本一些政客感觉到均势的转换,十分害怕中国的发展会超越日本,因而大力鼓吹"中国威

---

① Ronald O'Rourke. China Naval Modernization: Implications for U.S. Navy Capabilities-Background and Issues for Congress, Congressional Research Service Report [EB/OL]. http://www.fas.org/sgp/crs/row/RL33153.pdf.

胁论”，并期望联合其他国家一起对抗日渐强大的中国。

美国也感受到了亚洲均势的变化，但是美国有没有将中国作为假想敌？就目前而言，中国海军的各项数据均远远低于美国的标准。就算美国封存了战舰、在不重要的地区减少了部署，中国与美国的海军、空军军事技术和作战实力还是存在着 20 年左右的差距。潜艇是相对弱小的海军对抗强大对手以及商船的相当有效的工具，而且潜艇比水面舰艇便宜，具有建造速度快、乘员人数少、隐蔽性强等主要优势。中国柴油潜艇和多用途核潜艇数量排名第一，但是实力不如美国和俄罗斯，特别是静音技术。美国潜艇实力最强，不算隶属战略核力量的战略导弹核潜艇在内，其他先进潜艇具备非常广泛的作战能力——无论是对抗任何国家的海军，还是使用“战斧”巡航导弹打击敌方沿岸目标。同时，美国还拥有最强大的反潜能力，现在利用网络战概念的新型监测系统，以及对广阔大洋的监测能力，理论上能够在 30～35 公里处发现世界上最安静的“海狼”级核潜艇，并能在 200 公里外捕捉俄罗斯噪声最高的潜艇。中国的潜艇如果想突破美国的监测还是有一定难度。美国认为，中国军事实力有了快速的发展，但是尚未达到美国的水平，也不会全面威胁美国的亚洲存在。

在美国看来，就目前中国的国家战略而言，中国发展与国际秩序的关联性还不确定。中国一方面享受着改革开放、经济全球化的好处，但是另一方面又强调自己的特殊性，在维护国际秩序的安理会上表现与美国不同，在与一些国家的交往上与美国不同。美国人还在观察中国到底是敌是友，中国内政外交的各种行为是否符合国际秩序、地区稳定和美国国家利益。对于中国军事实力提升明显、战略目标不甚明确的情况，美国只能两边下注，成为亚洲的平衡者，期望亚洲维持均势——一方面希望中国稳定，开放市场，不希望其他国家挑起事端阻碍中国经济的发展；另一方面希望中国更加积极地按照世界通行的原则来处理事情，不要成为自说自话的霸权国家。美国人刚刚结束了两场战争，经济刚刚出现了好转，对战争更加审慎。只有在中国成为美国人认为的国际秩序的破坏者，或者是在地区事务处理上采取强硬立场，并用强硬行动严重破坏均势的情况下，并通过外交努力、战争威胁都不起作用，美国才会与中国开战，而且战争的代价是非常巨大的。因此，美国希望中国能够走上和美国共同维护国际秩序的道路，“平衡者”的角色可能也是将中国导向这一目标的政策工具。

不过，就算美国是亚洲的平衡者，但是平衡者也会选择能和自己并肩战斗的、利益相同或相近的国家予以支持。一旦中国更加积极地融入国际秩序，并为维护国际秩序而努力，美国可能会亲手终结与日本的紧密关系，从而结交实力更强大的、新的亚洲“盟友”。美国抛弃日本、与中国交好正是日本政客最害怕出现的情况。二战结束后，战败国日本经过美国改造，和平宪法成为其发起战争的最大桎梏，一时间难以逾越。所以日本政客不断引导日本走向右倾，将右倾作为一张牌向美国施加压力，捆绑住美国。同时，期望在中国羽翼未丰前挑起事端，强迫美国依照美日同盟和自己站在同一条战线上，并不断给美国灌输将中国扼杀于未崛起之时的“窗口时间”。

期望在亚洲挑起事端的不仅仅是日本。中国的发展不足以威胁美国，但是会让周边国家和地区感受到双边解决问题的难度在增加。因此，周边国家和地区，特别是与中国存在岛屿争端、领土争端和结构冲突的国家和地区感受到双边谈判中自己日渐处于弱势，也希望美国能够成为平衡者的角色，从而保护自己的利益。

亚洲局势的日益复杂，也使得美国更加注重在亚洲维持和平，不能轻易被卷入冲突。美国的再平衡战略对可能不断挑起事端的盟友同样有效。美国不期望与中国开战，也尽量避免被亚洲某国卷入战争而损害美国利益。因此，美国在该轮海军政策调整中，并没有缩减太平洋舰队的规模，而是维持了该地区的军事开支，也是因为需要一定的军事实力使“平衡者”的角色能够发挥功用。同时，美国选择在中国态度、行为与国际秩序之间的关系未辨明时，依旧维持均势。在钓鱼岛事件中，中国在钓鱼岛海域巡航从无到有，并成为了例行工作，获得了一定的优势。日本略微失势，于是想开辟新的前沿基地，挽回劣势。2013 年 10 月 6 日日本防卫大臣小野寺五典在视察硫磺岛时表示，将把该岛作为日本离岛防卫据点，强化对硫磺岛附近海域的防卫警戒部署，并计划于 2017 年在硫磺岛上启动监听设施。这一举措，被解读为既针对中国经常穿越宫古海峡、巡航钓鱼岛的回击，也可能针对美国的关岛基地和太平洋上的活动。于是美国为了平衡，双管齐下。2013 年 10 月 8 日巴厘岛 APEC 部长级会议期间，美国、日本、澳大利亚三国外长发表联合声明不允许任何单方面行动改变东海、南海局势。美国通过扩大同盟向中国施加更大的压力，同时也寻找到可能的军事行动的参与者。这样一份声明也约束日本在钓鱼岛的行为，国有化等诸多行为都可视为改变局势的行为。美日澳这份声明很明显是为了维持均势，不要发生改变。同时，2013 年 10 月 16 日，小哈利 · 哈里斯将成为太平洋舰队的司令，他的日裔身份成为美国安抚日本、消除民族主义情绪、避免右倾化的一张牌。

美国正在沸腾的东亚竭尽努力维持住均势。美国通过邀请中国参加太平洋军演，一方面显示力量，一方面也增进了解、避免误解；同时也通过与盟友的军事演习，期望盟友之间能够消除隔阂，达成协同。由美国主导的多国联合演习，过去以演练海上搜救、反海盗、反恐、人道主义救援等非传统安全科目为主。2012年以来，美国军演的演习科目主要针对外交热点，似乎是为外交努力破产时的极端情况做准备。2013年6月14日，日本自卫队与美军在美国加利福尼亚州举行了联合夺岛演习。2013年10月10日，美韩日三国举行联合海上军事演习，美国的“乔治·华盛顿”号航母、“安提坦”号导弹巡洋舰、“普雷布尔”号导弹驱逐舰，韩国海军和日本海上自卫队装备宙斯盾系统的驱逐舰和护卫舰共同参与，地点位于中国黄海附近，演习的科目肯定考虑了在双方陆基导弹覆盖范围内的双方海军优势力量的正面冲突。可见，美国及盟友的军事演习更加重视实战性，空战、防空、空地攻击、近距离空中支援、登陆作战、两栖作战、反潜作战等传统作战科目成为主要演习科目，更加强调共同应对军事危机。

美国海军政策的调整，使其对待战争的态度更加审慎。但是审慎的态度，并不意味着绝对不会卷入战争，并不意味不会对可能卷入的战争做准备。均拥有核武器的中国和美国，开战的可能性很小，但是2013年双方的军事演习科目无疑透露出为最坏情况做准备的意味，均通过演习模拟了双方可能会出现的战斗区域、战斗形式和武器装备，以及可能出现的战果。美国通过实战模拟，精确地计算战争成本，这对缺钱的美国无疑是十分重要的。通过计算，美国能够更加清楚什么情况下才会卷入战斗——按照双方的国家利益、国家战略和预算水平，美国介入武力冲突的情况有以下几种可能性：①台湾独立，大陆武力维护国家统一，对台湾开战，并且有兵力投送至台湾岛内；②中国和日本钓鱼岛事件升级，双方开战，并且战争范围越出争议地区，波及冲绳和日本本土；③中国在南海夺回菲律宾、越南、马来西亚等国侵占的南海岛礁，战争时间延长以至于影响到国际航线的通行能力，或者是打击了上述各国本土；④朝鲜对韩国、日本动武，美国打击朝鲜的战略纵深地区误伤中国东北地区；⑤中国希望掌握马六甲、望加锡、巽他海峡，威胁美国对该海峡的掌控；⑥在南海、东海切断美国航线。

中国在处理东海、南海、台海事务时，如果能够符合国际法和国际规则，并能够控制冲突的规模、区域和时长，速战速决造成的既成事实，可能迫使美国接受现状。美国实际卷入冲突的可能性比较小，更多会使用经济制裁、战争威胁等手段，期望维持住均势。前面 3 种可能性均是中国和别国及地区的矛盾升级，美国卷入；第 4 种是中国卷入；后 2 种是中美结构性冲突，发生正面矛盾。而中美双方一旦卷入引发战斗升级，前 4 种可能性也很容易导致后 2 种情况的发生。中国和美国海军最可能的局部战场依旧在中国东海、南海、台海，中国三大舰队面对的敌人就是美国第七舰队，甚至第三舰队。

在武器装备方面，与美国相比，中国的航空母舰、舰载机、无人机、预警机、加油机还有差距，水面舰艇的吨位和作战能力还需要提升，并且三大舰队协同作战、航空母舰形成战斗力还需假以时日。但是中国军力日渐提升，使得美国可能的战争成本不断增加。美国对中国的岸基导弹、反舰导弹、网络战的能力不敢小觑。前任美国国防部长盖茨于 2009 年指出，中国军队在网络空间战、反卫星战、防空和反舰武器以及弹道导弹方面的投资，将会直接威胁美国在西太平洋地区力量投送行动，以及前沿空军基地、航母打击大队和水面战舰等的安全。美军认为，如果中美围绕台湾或东亚其他一些热点爆发战争，为挫败美军，中国军队会先发制人，使用在台湾对面部署的大约 1 100 枚(每年还增加 100 枚)短程弹道导弹和中程弹道导弹(射程 1 000～3 000 公里)，袭击美军西太平洋第二岛链内的空海军基地、战区的航母和大型水面战舰等重要目标。为了避免战斗升级，美国也必须考虑怎样控制战争规模，并尽量把规模控制在常规战争和局域冲突之中。

美国希望亚洲维持现状和均势，但是亚洲局势变化的主导权似乎在中国的手中。美国极其关注中国的态度和做法，并以此来判定是敌是友和采取相应对策。如果中国没有任何行动或行动符合国际秩序，美国也乐享现状。所以关键的是中国海军高层要在国家大战略下思考新时期的海军战略，投入海军的目的和情况——因为这决定了亚洲的走向。本章已经对可能开战的情况、可能的战争形式和结果予以了军事上的考虑，是时候反思中美开战、投入海军的目的了。中美为什么要开战？为了领土、为了经济利益，这些都可以通过谈判达成，双方军事力量的提升或者是小规模冲突的战果只是增加了谈判的筹码。只有一个崛起的大国要挑战超级大国，或者超级大国要灭掉羽翼未丰的竞争者，才会发生你死我活的战争。中国是否要取代美国，这个是中国、美国都很关注的主题。如果觉得美国主导下的世界不好的话，那么中国期望的世界又是什么样了的呢？是颠覆还是修正？邓小平同志的“韬光养晦”战略思想已经奉行了很久，周恩来同志的“求同存异”在我们今天提的太少了。我们提出的“和谐世界”如果只把宣传的重点放在“和而不同”的“不同”上，难免会强调自己的特殊性，就是人为地划分自己和别人，将其他人放在自己的对立面，而忽略了“和谐世界”和美国人眼中的国际秩序有没有存在共通点。而让别人理解我们存在共通点，才能在中美问题上求同存异，实现共赢。

在外交和国际政治方面中美两国有很大的合作空间，但军事现代化的步伐一旦开始，就难以止步。军事是政治的工具，为政治服务。海军也是如此。除了目的正确,我国还需要进一步提升手段的效能。在武器装备方面,中国的航空母舰、舰载机、无人机、预警机、加油机还要依靠自主研发缩小与美国的差距,水面舰艇的吨位和作战能力要得到提升,并且三大舰队要能够协同作战,并且以航空母舰形成战斗力为契机,打破区域分区限制,实现武器装备重新依据战争性质和任务进行配置,确保战场火力优势。最重要的是海军高层要在国家大战略下思考新时期的海军战略,投入海军的目的和情况。中国要开始学会用海军打一场经济战,而不是领土争夺战,完成从陆权到海权的转换。

第四章　韩国大洋海军战略及其对东北亚安全的影响

南　琳

在世界眼光聚焦中日海上冲突之时，另一个值得关注的东亚海上强国已悄然崛起。一直以来，韩国海军在亚洲都不具有很强的存在感，然而经过了近二十年的快速发展，韩国海军已然成为东北亚的海上劲旅，以强大的海军实力为支撑的海权战略不再仅仅局限于近海防御，而是放眼全球，图谋走向蓝水海军。随着更多"独岛"级两栖登陆舰、KDX3级宙斯盾导弹驱逐舰等被列入建造计划，韩国将可能成为中等海洋强国中的佼佼者。韩国海军实力的不断加强和"远近结合、走向大洋"海权战略的推进，使韩国海权发展给地区局势带来的变化日趋明显，对半岛局势、东北亚安全格局和中国海洋权益的影响不容小觑，须引起警惕，给予高度关注。

第一节　韩国大洋海军战略的演进

冷战期间，韩国的海军战略主要是基于美国保护之下的近海防卫。此时，韩国的海军战略主要是针对朝鲜，海军的主要任务是防止朝鲜的海上渗透和袭击。为了用有限的军事预算购买更多的舰船,韩国海军引进和修复使用了大量美国舰船。到20世纪70、80年代,通过大量接收美军驱逐舰和更新海岸巡逻艇,韩国海军无论从规模和能力上都有大幅提升。但其能力和战略仍局限于近海防御。

20世纪60年代末70年代初,美国远东战略的调整使韩国意识到国防不能单纯依靠韩美军事同盟,萌生了"自主防卫"的建军思想。在自主防卫思想的指导下,韩国海军建设逐步走上了自主研发的道路。新型导弹驱逐舰、潜艇、大型登陆舰的开发和建造彰显了韩国海军的自建能力,使韩国海军在保障国家安全方面的主动性和能力大幅提升。雄厚的经济实力和产业基础奠定了"大型蓝水海军"的物质基础,也激发了韩国走向大洋海军的战略图谋。海军实力的增强使韩国海军可以在近海防御朝鲜攻击的同时担负起更广泛的使命,试图走向海洋,在五大洋维护韩国的利益。

韩国海军以"走向海洋、走向世界"作为其网站标语,彰显了韩国建设蓝水海军的意图。① 韩国明确大洋海军战略的方向始于1995年,金泳三接受了时任海军参谋总长安炳泰的建议,决定打造一支面向海洋的蓝水海军。韩国海军迈出了走向大洋海军的第一步。2001年,金大中总统在韩国海军学院毕业典礼的发言中指出,韩国"应打造一支战略机动舰队,以保卫韩国在世界五大洋的利益并为世界和平作出贡献",并明确表示"韩国政府将不遗余力地协助海军打造一支真正的蓝水部队"。②

---

① 见韩国海军官方网站,http://navy.mil.kr/english/main/main.jsp,访问时间2013年4月12日。

② 见 http://www.globalsecurity.org/military/world/rok/navy.htm,访问时间2013年4月12日;South Korea: joining Asia's Naval arms race, http://www.stratfor.com/,访问时间2013年4月10日。

2005年韩国国防部发布十五年军队现代化计划《国防改革2020》，指出韩国国防建设不但要解决旧问题，还要紧随世界军队变革的趋势。为此，该计划提出了韩国防务的四个转变：从人力密集型军队转向能力导向型军队，从短期目标型转向长远目标型，从军队主导型国防部转向公民主导型国防部，从服务型军队结构转向参谋长联席会议为主的军队结构。① 根据此项计划，韩国现役军队人数将从67万削减到50万，预备役人数从300万削减为150万。但值得注意的是，虽然陆军的数量将从55万削减为36万，但空军和海军的人数却分别从6.4万和6.7万增加到7万。同时报告还指出，要继续推进大洋海军建设并新增一支策略战斗部队。② 这一调整显示出了韩国走向大洋的意图和决心。2008年3月25日，韩国国防部长李相熹在韩国海军学院毕业班宣读了总统李明博的声明。在声明中李明博强调海权对韩国国家利益的重要性，重申发展国家海军的决心。

虽然之后受"天安舰事件"和全球金融危机的影响，韩国减缓了迈向蓝水海军的步伐，但韩国并未放弃大洋海军战略。2010年"天安舰事件"发生后，大洋海军战略被指责"因过分偏重远洋舰队建设，放松了对韩国主要威胁的警惕，忽视了近海防御，最终导致'天安舰事件'"。③ 因此，"天安舰事件"后的两年

---

① Terence Roehrig. ROK-U.S. Maritime Coopertation: A Growing Dimension of the Alliance [J]. International Journal of Korean Studies, 2010, 14(1): 94.

② Terence Roehrig. ROK-U.S. Maritime Coopertation: A Growing Dimension of the Alliance [J]. International Journal of Korean Studies, 2010, 14(1): 94.

③ 2010年3月26日，韩国"天安"号警戒舰在黄海朝韩两国争议海域白翎岛和大青岛之间巡逻，在船尾发生不明原因爆炸后于21点45分沉没，造成46名船员遇难，仅有58名船员获救。韩国"天安"号军民联合调查团5月20日公布的正式调查结果称，综合各种证据来看，韩国海军的"天安"号警戒舰是遭受朝鲜小型潜水艇发射的鱼雷攻击而沉没的。

中，韩国暂时停用了大洋海军的提法，着意加强以反潜能力为主的近海防卫。《国防改革 307》更强调加强近海防卫，以防止朝鲜发动传统战争。另外，2008 年全球金融危机的爆发使韩国经济受到影响，不得不缩减国防预算，放缓大洋海军的步伐。《国防改革 2020》发布后，政府曾表示“十五年计划”期间将国防预算增加 8%～10%，但受 2008 年金融危机影响，不得不减少新型大洋舰艇的投入，放缓打造蓝水舰队的步伐。[①] 但“天安舰事件”和金融危机并未使韩国放弃大洋海军的战略图谋，而是转向“远近结合、走向大洋”的大洋海军战略。“天安舰事件”两年后，韩国重启“大洋海军”计划，把打造一支真正的蓝水舰队作为其海军走向成熟的标志。今年 2 月，韩国国防安保论坛（KODEF）和韩国海洋战略研究所共同召开研讨会。韩海军参谋总长崔润喜出席研讨会，并发表了演讲。崔润喜指出，韩国已重新确立起大洋海军目标，并且会努力发展远程海上打击力量。崔润喜称，海军将会把限定在韩半岛周边的作战半径向外延伸，拓展至半岛以外。[②]《韩国日报》指出，重提大洋海军的口号标志着韩国将加强海军的远洋能力。[③] 韩国需要解决的问题是：如何在提高大洋海军能力的同时，确保家门口万无一失？但是，保证近海防卫还是发展大洋海军，不是一个有我无他的单项选择题。[④]

---

① International Institute of Strategic Studies. The Military Balance [M]. London：IISS，2007：339.

② 韩国确立大洋海军目标 快发展远程海上打击力量[EB/OL].(2013 - 02 - 08)http://mil.sohu.com/20130208/n365889759.shtml.

③ Navy revives “Ocean-Going” slogan [EB/OL]. The Korea Times（2012 - 02 - 17）http://koreatimes.co.kr/www/news/nation/2012/02/113_105079.htm.

④ Terence Roehring. Republic of Korea Navy and China's Rise：Balancing Competing Priorities [M/OL] // CAN Maritime Asia Project Workshop Two. Naval Developments in Asia.（2012 - 08）http://belfercenter.hks.harvard.edu/files/rok-navy-chinas-rise-roehrig.pdf.

有分析认为，随着经济和政治实力的增强，韩国已成为崛起中的中等海洋强国，完全可以在沿岸防御朝鲜进攻的同时，追求区域和全球利益。从目前的形势看，韩国势必加速大洋海军的进程。但是一个国家在国防上可投入的资源和预算都是有限的，韩国海军面临的问题是如何在这确保近海防御和建设大洋海军之间找到一个合适的平衡点。①

第二节　韩国大洋海军战略的动机分析

韩国“远近结合、走向大洋”的大洋海军战略主要是基于以下四个判断。第一，韩国海军实力已远超朝鲜，韩国海军可以在近岸防卫的同时追求区域和全球利益。韩国海军自建军以来，首要任务一直是防范朝鲜的海上打击和海上渗透，确保沿岸海域安全。虽然韩国一度偏重来自地面的威胁，但 1999 年和 2002 年两次延坪岛海战、2009 年北部界限引发的海上交火、2010 年 3 月“天安舰事件”、2010 年 11 月“延坪岛炮击事件”等时刻提醒韩国必须对沿岸海域安全保持高度警惕。② 如今，基

---

① Yoji Koda. The Emerging Republic of Korea Navy: A Japanese Perspective [J]. Naval War College Review, 2012(02): 27.

② 朝韩两国的海上冲突多数是“北方界线”这个老问题擦出的火花。所谓“北方界线”是 1953 年朝鲜战争结束后，美韩沿“西海五岛”与朝鲜之间海域单方面强行划定的一条约 150 海里的海上分界线。朝鲜始终不承认这条“北方界线”，并自行划定了一条线主张领海管辖权。两条线的重叠区域成为冲突频发区。“北方界线”也成为朝鲜引起韩美关注、与韩美周旋的重要武器。参见 Terence Roehrig, Korean Dispute over the Northern Limit Line: Security, Economics, or International Law, Maryland Series in Contemporary Asian Studies, No. 3；杨勉：《北方界线和西海五岛：朝韩争执与较量》，《世界知识》，2009 年第 12 期，第 21 - 22 页；《朝韩“北方界线”剑拔弩张》，《世界报》，2012 年 9 月 26 日军事防务版。

于海军实力已远超朝鲜的事实，韩国认为朝鲜大规模进攻韩国几无可能。目前韩国海军舰队共拥有 177 艘舰艇，其中包括 12 艘驱逐舰、9 艘护卫舰、12 艘潜艇、109 艘轻型护卫舰和海岸巡逻艇、10 艘水雷战舰艇和 24 艘补给支援舰。[①] 其中，三艘 KDX 三代宙斯盾驱逐舰是除美国同类舰艇之外性能最强大的"宙斯盾"驱逐舰，是现代战争中的"梦幻舰艇"；"独岛"号大型两栖登陆舰标准排水量约 13 000 吨、满载排水量达 18 000 吨，全长 199 公尺，宽 31 公尺，舰员超过 300 人，集指挥、反潜、防空、运送步兵登陆等多种功能为一体，有"准航母"之称。反观朝鲜海军，虽然拥有数百艘舰艇，但其中绝大多数都是仅有几十吨的微型舰艇，只能担负海岸巡逻、反登陆等任务，实力已无法与韩国海军相提并论。如此鲜明的实力对比使韩国相信，韩国军队的实力加上韩美同盟的力量势必可以抵挡除核武器外的一切进攻。此外，打造一支庞大的远洋舰队当然也是企图震慑朝鲜，尤其是宙斯盾驱逐舰和大型两栖登陆舰等使朝鲜在相关问题上不敢轻举妄动。

第二，21 世纪是海洋的世纪，海洋和海上交通线直接关系到经济命脉和国家安全。外向型经济的形成和对海上生命线的依赖催生了发展远洋海军的强烈需要和愿望。[②] 韩国位于朝鲜半岛南部，陆地国土面积仅 9.92 万平方公里，且几无战略纵深，

① Terence Roehring. Republic of Korea Navy and China's Rise: Balancing Competing Priorities [M/OL] // CAN Maritime Asia Project Workshop Two: Naval Developments in Asia. (2012 - 08) http: // belfercenter. hks. harvard. edu/files/rok-navy-chinas-rise-roehrig. pdf.

② 倪乐雄指出："地理位置在决定国家海权还是陆权属性方面固然重要，但并非决定因素……'依赖海洋交通的外向型经济结构'才是滨海国家成为海权国家的根本原因。当然，也是一个海权国家海军持久发展的根本动力源。"参见倪乐雄"首届中国海洋强国战略研讨会"会议论文《中国海权战略当代转型与威慑作用》。

东南西三面环海，北面与朝鲜长期处于军事对峙状态，南面与日本相望，同时又与中、俄两个大国相邻。从地缘位置来讲，韩国对海洋有着强烈的资源依赖、通道依赖和安全依赖。大洋海军对扩大韩国生存空间和保障国家安全具有战略意义。总统李明博曾这样强调海权和大洋海军对韩国的重要性："21 世纪是海洋的世纪。我们必须建造一支可以保卫我国海权的顶尖海军。我们必须打造一支可以捍卫海上交通线的大洋海军，同时为世界和平做出贡献。海洋是我们国家生存和繁荣之基，只有我们能充分捍卫和利用海洋，才能保证和平和经济发展。"①以石油和天然气为例，韩国是世界第五大石油进口国和第七大天然气进口国，②几乎完全依赖海上运输，可以说海上交通线的安全和畅通是韩国社会经济和政治的命脉。其中，南方航线③承担了大部分任务，这也成为韩国力排当地民意在济州岛建立海军基地的一个原因。正如韩国军方发言人所言，"韩国 90%以上原油进口和 60%出口都经过济州岛南部海上航线前往马六甲海峡，因此绝对需要在济州岛和顺港建设韩国最南端的海军前哨基地，以保证原油进口和产品出口。"

第三，一支强大的大洋海军是加强对东亚海域控制及在区域内与中、日、俄抗衡的需要。东亚海域的安全形势错综复杂，被许多军事专家称为世界上最危险的海域。韩国大洋海军的发

---

① 见 http://www.globalsecurity.org/military/world/rok/navy.htm。

② South Korea's Defence Reforms: Impact On The Navy-Analysis [EB/OL]. (2011 - 11 - 14) http://www.eurasiareview.com/14122011-south-korea%E2%80%99s-defence-reforms-impact-on-the-navy-analysis/.

③ 韩国的进出口主要依赖四条海上交通线，即：从韩国东海贯穿日本津轻海峡东出太平洋的北方航线，从釜山来往于日本之间的韩日航线，从韩国西海抵中国的韩中航线，和从韩国南海经中国南海和马六甲海峡抵东南亚的南方航线。

展显示出其对东亚未来不确定性的关注和警惕，大洋海军建设成为其确保国家安全，并在区域内与中、日、俄抗衡的重要举措。韩国和中国在专属经济区、苏岩礁等问题上的争端和冲突，与日本在独岛问题上的敌对状态也坚定了韩国发展蓝水海军的意图和决心，试图借助海军力量的威慑功能和宣示意义确保韩国的海洋安全和利益。

第四，巩固和加强韩美同盟、提升韩国国际影响力需要一支大洋海军舰队的参与。美国重返亚太，对亚太进行战略布局调整，需要韩国成为一个支持力度更大的盟友，需要韩国不断加强在海上与美国协作的能力。由于军费削减等原因，美国希望通过借助盟友的力量，确保美国需要的国际秩序，保障美国在不同区域的利益。随着韩国远洋海军能力的不断提升，美国希望韩国海军在从近海走向远洋过程中协助美国拉紧扼控中国的岛链。

此外，当前国际安全环境的众多挑战都具有海洋性，建设大洋海军将在国际舞台上给予韩国更大的施展空间。打击海盗、限制大规模杀伤性武器传播、非法捕鱼和弹道导弹防御等都需要一支大洋海军的存在。韩国把大洋海军建设看作参与国际行动、在全球安全事务中发挥韩国作用的途径之一。海军能力的提升使韩国可以在上述诸多领域进行国际参与和合作，提升韩国的国际影响力，通过成为安全合作伙伴的方法维护不断海外化的国际利益。

第三节　韩国发展大洋海军的战略举措

自 20 世纪 90 年代以来，韩国采取了一系列措施增强海权，发展大洋海军。首先，为了增强大洋海军实力，韩国着力加强科技创新和转化能力，推动新型舰船和装备的研发和生产。根据统计，2004—2007年韩国海军预算的年均增长率达到10.3%，① 不断加大的经费投入被用来加快新型舰艇的研发、引进和装配。韩国打造蓝水舰队的努力始于KDX自造驱逐舰计划，该计划分三个阶段进行。② 第一阶段原计划建造10艘KDX-1级驱逐舰，但只建造了3艘就停产，转而研发制造更为先进的KDX-2级驱逐舰。③ KDX-1级驱逐舰由玉浦造船厂建造，舰长135.4米，最大舰宽14.2米，吃水4.2米，排水量3 885～3 900吨，全体人员170人，续航力4 500海里/18节。KDX-1装载了当时较先进的武器装备和传感器等，可以执行空中打击、反潜、两栖登陆等多种作战任务。KDX-2级由大宇造船(DSME)和现代重工(HHI)的两大造船厂共同承建，尺寸更大，吨位超过5 000吨，首舰"忠武公李舜臣"(Choongmoogong Yi Soon Shin)号2003年服役。KDX-2级的许多部件购自美国和

① International Institute of Strategic Studies. Military Balance 2007 [M]. London: IISS, 2007. Military Balance 2008 [M]. London: IISS, 2008.

② Terence Roehring. Republic of Korea Navy and China's Rise: Balancing Competing Priorities [M/OL] // CAN Maritime Asia Project Workshop Two: Naval Developments in Asia. (2012 - 08) http: // belfercenter. hks. harvard. edu/files/rok-navy-chinas-rise-roehrig. pdf; Korea's KDX-Ⅲ AEGIS Destroyers [N/OL]. Defense Industry Daily. http: // www. defenseindustrydaily. com/drs-wins-multiplexing-contract-for-korean-aegis-destroyers-0431/.

③ 三艘KDX-1级驱逐舰分别为：首舰"广开土大王"(Kwanggaeto the Great)号，舷号DDH 971，1996年10月28日下水，1998年7月24日正式装备韩国海军；第2艘为"乙支文德"(Ulchimundok)号，舷号DDH 972，1997年10月16日下水，1999年3月完成全部作战系统海试，1999年8月交付韩国海军；第3艘为"杨万春"(Yangmanchun)号，舷号DDH 973，1998年9月30日下水，1999年9月完成全部作战系统海试，2000年交付韩国海军。

欧洲，装备有反潜导弹、反舰导弹、近防导弹等，火力较强。目前韩国最先进的驱逐舰是 3 艘 KDX－3 宙斯盾级驱逐舰，全长 165.9 米，宽 21 米，吃水 6.5 米，人员编制约 300 人，标准排水量 7 600 吨，满载排水量近万吨。该级别驱逐舰装备有“宙斯盾”系统、128 个 MK41 垂直发射单元及海星反舰导弹，是一种具备防空、反舰、反潜以及战术弹道导弹防御能力的多功能驱逐舰，成为韩国海军的中坚力量。第三艘 KDX－3 驱逐舰“西厓柳成龙舰”已于 2012 年 8 月正式服役，据悉更多的 KDX－3 宙斯盾级驱逐舰将建成使用。①

韩国海军的招牌舰是“独岛”级两栖攻击舰。“独岛”号两栖攻击舰标准排水量约 13 000 吨、满载排水量达 18 000 吨，全长 199 公尺，宽 31 公尺，舰员超过 300 人。② “独岛”号两栖攻击舰是韩国海军的大型水面舰艇，可执行空中、水面监视和目标探测，海上、空中和两栖作战指挥及控制、通信、电脑和情报搜集，对海和反潜作战，中程防御和近距离空中支援等多种任务。“独岛”级两栖攻击舰能伴随韩国舰队部署到任何水域，其建成和使用标志着韩国真正拥有了远洋海军的能力，跨入海军强国行列。去年，韩国已经决定提前开工第二艘“独岛”级登陆舰，第二艘“独岛”舰下水以及新型直升机入役后，韩国海军战斗力将与日本海上自卫队不相上下。

---

① Korea's 3rd Aegis destroyer commissioned [N/OL]. The Korea Times (2012－09－05) http://koreatimes.co.kr/www/news/nation/2012/09/113_119164.html; S. Korean Navy to Build 6 Mini-Aegis Destroyers [N/OL]. The Korea Times (2009－10－13) http://www.koreatimes.co.kr/www/news/nation/2009/10/113_53441.html.

② Navy Commissions Large Landing Ship [N/OL]. The Korea Times (2007－07－03) http://koreatimes.co.kr/www/news/nation/2007/07/113_5869.html.

第二，加紧建立可执行远洋作战任务的战略机动舰队。2012年2月，韩国成立了第一支机动舰队，即第7机动战团，这是一支小型的战略机动舰队。该舰队下设两个机动战团，分别以三艘KDX-3级宙斯盾驱逐舰为旗舰，配备KDX-2级驱逐舰、潜艇、护卫舰等。韩国海军参谋长郑玉根在成立仪式上说，“该机动舰队的成立宣示韩国向大洋海军迈进，作为一支世界海洋强国中的快速行动力量，该舰队将通过完美地完成任务来维护国家政策和利益。”①韩国《朝鲜日报》撰文说，该舰队的成立意味着“自1948年海军成立以来，终于具备了独立执行远洋作战任务的能力”。② 远洋实力是评判一国海军力量的核心指标。第七机动舰队的建立大大提高了韩国海军执行远洋任务的机动性和快速反应能力，这对一个三面环海的国家来说具有重大战略意义。

第三，打造济州岛海军基地，确保主要海上交通线安全。济州岛孤悬于朝鲜半岛西南侧东海上，同时扼守中韩、中日水道，是“东北亚战略要冲”，可以说是韩国走向大洋最为便利的海军基地。早在1993年，韩国海军就已经开始推动济州岛海军基地的建设，但因济州市民反对，进展不大。今年初，韩国力排民意，最终决定在济州的江汀村(Gangjeong)建设大型军民两用码头，作为首支机动舰队的基地，预计2015年完成。③ 济州岛基地有

---

① Jung Sung-ki. Navy Activates 1st strategic Mobile Fleet [N/OL]. The Korea Times (2010-02-01) http://koreatimes.co.kr/www/news/nation/2010/02/113_60079.html.

② Debut of Mobile Fleet [N/OL]. The Korea Times (2010-02-02) http://koreatimes.co.kr/www/news/opinon/2010/02/137_60151.html.

③ Lee Sun-ho. Conflict over naval base in Jeju [N/OL]. The Korea Times (2013-8-27) http://koreatimes.co.kr/www/news/opinon/2010/08/137_71815.html; Jeju base and security [N/OL]. The Korea Times (2013-02-05) http://koreatimes.co.kr/www/news/opinon/2013/02/137_130064.html.

助于韩国海军拉大战略纵深，以“中央支援四方”的地理对广泛而复杂的威胁作出快速反应。①

第四，立足韩美同盟，积极参与国际合作，提高海军的远洋作战能力和国际影响力。韩美军事同盟是美国保持在东北亚的战略主动、有效遏制可能出现的利益威胁的重要战略基点。历经 50 余年，如今的韩美同盟关系已发生了重要的变化。近期变化主要体现在以下三点：一是 2003 年美国宣布将驻韩美军人数削减为 2.5 万，作为补偿，美国将投入 110 亿美元升级现存驻韩部队；二是美国将归还韩国 50 处军事驻地；三是 2012 年 4 月，美国把韩国军队的战时指挥权移交韩国。针对海上事务，2007 年 10 月美国发布了《21 世纪海权合作战略》。这是冷战结束后美国首次发布海权合作战略，该战略强调美国海军、海上陆战队、海岸巡逻队等海上力量的合作和美国与盟友之间的合作。海权合作战略的重点在于整合本国和盟国的其他海上武装元素，“扩大与其他国家的合作关系有利于海洋安全和稳定，尽管在危机来临时我们的战力可以临时激增，但信任和合作不是一天培养起来的，必须在相互信任和尊重的基础上长时间推进。”②亚太作为一个海洋主导的地区，是美国海军高度关注的区域，由太平洋舰队负责该地区的海军事务。韩国无疑是亚太地区的主要盟友之一，韩国海军与美国第七舰队保持了密切的合作。美国海军第七舰队指挥区域内所有友军的海上力量，有三个主要任务：在参加联合军事行动时，能迅速编组联合任务作战部队；负责指挥作战区域内所有的美国海上武装力量；保卫朝

① 韩国海军押宝济州岛[N]. 宿迁晚报，2012－9－14。

② 见美国海军部队、海岸警卫队和海军陆战队于 2007 年 10 月发布的《21 世纪海权合作战略》。

鲜半岛的安定。① 近年，韩国海军立足韩美同盟，进行国际军事合作，参与国际行动，远洋海军能力和实战水平不断得以提升。每年 3 月和 11 月，韩国和美国会分别举行名为“关键决心”和“护国演习”的联合军事演习。而且，自 2012 年起，美国第七舰队将演习的主导权交由韩国海军。2010 年“天安号事件”后，韩国海军还单独与美国举行了多次针对朝鲜的大规模军事演习。此外，借助大洋海军，韩国还参加了亚丁湾打击海盗、军售及弹道导弹防御相关的各类国际行动。

此外，为推进大洋海军建设，韩国还对原有的军事指挥体系进行了调整，例如 2007 年韩国海军取消了战团级指挥，将战团长负责的战队指挥权交由舰队司令官直接指挥，减少了运行层次，提高了指挥效率。

第四节　韩国大洋海军战略对东北亚影响

一、增加了东北亚安全格局尤其是海上安全形势的不确定性

随着 KDX－3 宙斯盾驱逐舰和“独岛”大型两栖登陆舰的建成服役，韩国海军由近海防御向远洋防御转变，加速向大洋海军迈进。虽然韩国海军的发展仍需在应对朝鲜威胁的近海防卫与向蓝水挺近之间寻求平衡，但是韩国迈向蓝水的速度越来越快，给东北亚地区的安全局势带来了诸多变数。韩国的大洋海军战略将引起东北亚地区军事态势布局的深远变化。大洋海军建设提升了韩国海军的远洋能力，正式成为地区性海洋强国，改变了

---

① Terence Roerig. ROK-U.S. Maritime Cooperation: A Growing Dimension of the Alliance [J]. International Journal of Korean Studies, 2010, 14(01): 106.

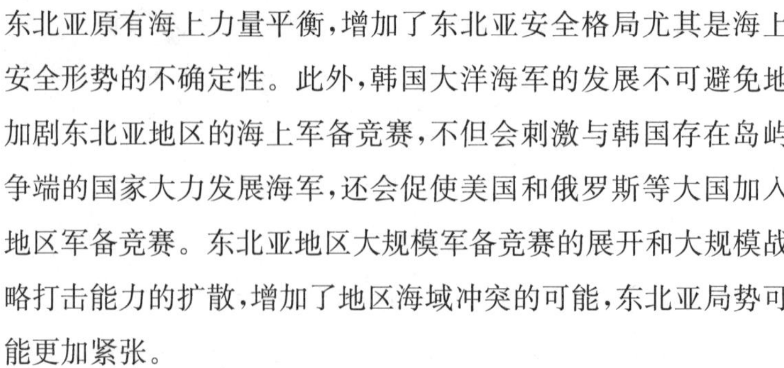
东北亚原有海上力量平衡，增加了东北亚安全格局尤其是海上安全形势的不确定性。此外，韩国大洋海军的发展不可避免地加剧东北亚地区的海上军备竞赛，不但会刺激与韩国存在岛屿争端的国家大力发展海军，还会促使美国和俄罗斯等大国加入地区军备竞赛。东北亚地区大规模军备竞赛的展开和大规模战略打击能力的扩散，增加了地区海域冲突的可能，东北亚局势可能更加紧张。

二、朝核问题解决难度加大，增加了地区不稳定因素

韩国大洋海军战略使半岛局势更加波诡云谲。韩国发展大洋海军的一个主要目的是威慑朝鲜，使朝鲜不敢轻举妄动。但是，朝鲜绝对不会束手就擒，韩国的强硬很可能触发朝鲜使用核武器的风险。在常规战争不可能对抗韩美联合军队的情况下，韩国的军事震慑只会迫使朝鲜寻求其他途径，导弹威慑就是其一。在关系到政权存亡的危急时刻，朝鲜只能打出核战争的王牌。尽管从朝鲜近期的表现可以看出，平壤也不希望挑战和刺激韩美，引起军事冲突和战争，但是一旦面临灭顶之灾，陷入绝望的朝鲜当局势必会利用核战的强大威慑力逼迫韩美停战。

三、中国维护海疆安全和海洋权益的任务更加艰巨

尽管中韩两国在经济等领域的合作不断深化，但韩国大洋海军的不断发展值得我国高度关注，我国必须对地区局势变化做好充足的准备，警惕半岛局势和东北亚安全格局的变化可能给中国周边安全带来的负面影响。尤其天安舰事件后，韩美指责中国“为朝鲜提供庇护，使朝鲜在危险的常规军事挑衅和核挑衅道路上越走越远”。美国借机加强在东北亚地区的军事介入，韩美在日本海、黄海海域的大规模联合军演，损害中国安全利益。特别是，2013 年 10 月美日韩在黄海举行海军联合军事演习，美国乔治华盛顿号航母编队全程参与，韩国海军的宙斯盾驱逐舰以及护卫舰也积极参加，名为应对朝鲜和演练航母攻击战法，实则是针对中国。此外，如前面提到的，韩国的大洋海军战略不可避免地引起东北亚地区的军备竞赛，使东北亚海域成为世界最危险的海域，中国的东北亚安全环境变得更加恶劣。

中国是韩国大洋海军战略的其中一个指向，其发展大洋海军的其中一个战略考虑是使韩国海军具备对抗中、日等周边大国海上力量的实力，在未来东北亚格局中确保韩国的安全和地位。以今年初正式通过的济州岛海军基地建设为例，该基地将直接威胁中国上海以北的所有港口，使黄海、渤海甚至部分东海水域均处于监视之下。首先，尽管苏岩礁无可争辩地属于中国，但韩国希望通过济州岛海军基地加强对苏岩礁一带海域的控制。济州岛基地大大地缩减了韩国海军到达苏岩礁的时间。如果苏岩礁发生纠纷或冲突，韩国舰队从釜山出发需要 21～22 小时，而从济州岛出发仅仅需要 7 个小时。再者，济州岛基地拉大了韩国海军的战略纵深，未来韩国在济州岛的战略机动部队将成为韩国远离陆地本土最远的舰队，一旦周边有事可以迅速做出反应。最后，由于济州岛可同时扼守中韩、韩日水道，一旦济州岛基地建成，美国将使其成为牵制中国突破第一岛链的棋子。济州岛基地是距离中国最近的外国海军基地之一，到达上海的直线距离不到 500 公里。根据韩美共同防御条约，美国将可以进驻济州岛基地，济州岛作为距离中国最近的美军基地顺理成章地成为美国围堵中国的重要据点。

海上力量始终是支撑海权的重要因素。韩国大洋海军战略的构建和远洋能力的快速提升需要引起我国的高度关注和重视。面对东北亚紧张的海上安全环境和我国海疆安全的严峻形势，中国必须以强大的经济实力和科技创新应用能力保障我国海上力量的发展，并通过各种方式加快推进远洋海军发展。在加强海军硬实力增强对海洋控制力的同时，要强化软实力。在不断学习熟悉西方法权体系的同时，参与国际规则的制定和国际海洋秩序的构建，通过硬实力和软实力保障中国的海洋安全和权益不受损害。

第五章　蝴蝶效应[①]

——越南海权战略及其对中国的影响

陈道银

“这个只有狭小陆地、资源贫乏的政府的所有力量都直接来源于海洋。”[②]马汉一百年前总结英国海权发展历史时说的话似乎是针对今天的越南做出的预言。越南正通过开采南海油气资源，从原油净进口国转变为净出口国。南海油气田收入占到越南国家财政预算的三分之一，成为越南国民经济第一支柱产业[③]，海洋经济和海洋有关行业对越南国民经济发展作出巨大贡献。越南海洋发展战略日益凸显，“国家优先集中开发有关石

---

① 蝴蝶效应(butterfly effect)指初始值极微小的扰动会造成系统巨大变化的现象，对于这个效应最常见的阐述是：“一只南美洲亚马孙河流域热带雨林中的蝴蝶，偶尔扇动几下翅膀，可以在两周以后引起美国德克萨斯州的一场龙卷风。”

② [美]A. T. 马汉：《海权对历史的影响》，北京：解放军出版社，1998年，第83页。

③ 越南在南海每年开采石油大约2 000万吨以上，产值几乎占越南国内生产总值（GDP）的30%以上，而且这一比例有望在2020年达到53%。参见《评论称越南利用地理优势控制南海》，《新民晚报》，2012年6月1日。

油、天然气及各类海洋矿产资源的探寻、勘测、开采及加工;海洋运输、港口、船舶的制造、维修以及其他航海服务行业;海洋旅游及海岛经济;海产捕捞、养殖及加工;海洋经济开发与发展的科技研发、应用及转让;海洋经济人力资源开发及培训等海洋经济行业。"①为服务于海洋发展战略,越南高度重视国家海权战略的调整,以适应海洋发展战略对军事安全保障的需要。

第一节　化蛹成蝶

——越南军事安全战略分析

越南传统上是一个地区陆上军事强国,海军在国家军事安全战略中处于边缘地位,一直是一支以轻型装备为主体的近岸型海上力量,在历次战争中作用发挥无足轻重。从军事地理角度分析,越南国土呈S形狭窄状,南北距离长达1 650公里,东西最狭窄处只有50公里,横卧于中南半岛东部漫长的濒海地带,陆地防御纵深较浅,一旦面临来自海上的军事打击,很容易被拦腰切成几段。2001年以来,越南调整国家军事安全战略,把海军现代化建设放在优先发展地位,以南北向陆地为体,东西南海洋为翼,构筑一体两翼防御体系,东面南海反介入(anti-access strategy),西南控扼马六岬,从而成功化蛹成蝶。

一、调整军事安全战略,海(空)军建设优先发展

2001年越共九大以来,越南根据国家安全形势变化和未来信息化战争特点,制定了面向21世纪的"新全民国防军事战略",提出"依靠海上防御纵深,来缓和陆地防御纵深较浅"的新安全思想,奉行积极防御的战略方针,把"保卫海洋领土和海洋

① 见《越南海洋法介绍》,越南人民报网,2012年7月19日。

资源”作为新军事战略的重心。2003 年 4 月，越南国防部制订《越南 2010 年前的军事战略》，评估了越南当前的战争实力与潜力，重新确立了新形势下的军事战略方针，其中重点提及了应对海上武装冲突的方法。2003 年底，越南九大八中全会通过了关于“新形势下的保卫社会主义越南战略”的决议，重点依旧放在海上。同年 12 月，越共中央政治局又通过了一个“南方战略计划”，谋划确保海上主权安全。2007 年 1 月越南共产党第十届代表大会第四次会议通过《至 2020 年越南海洋战略》，提出对海洋经济发展的指导必须与保卫海上国家安全、国家主权密切结合起来。2011 年 1 月，越南共产党第十一次全国代表大会宣布，到 2020 年把越南建设成为一个现代工业化国家，越南军队和国防现代化建设是未来五年内(2011—2015)要完成的五项重点任务之一。

“越南 2011 年的国防开支估计为 28 亿美元，占 GDP 比重 2.5%，2015 年国防开支估计将达到 47 亿美元，占 GDP 的比重 2.8%。2011—2015 年预测期内估计为 186 亿美元，其中约 64 亿美元用于资本开支”，①“越南国防预算的五分之一用于采购军火”。② 越南拟定了近期、中期和远期的海军发展规划，制定了“21 世纪海军发展规划”，大幅度增加海军军费开支，计划在 2005 年前，改造、更新部队舰艇，外购少量导弹舰艇，加强国产舰艇的建造，逐步实现部分装备现代化，着力提高其近海作战能力；在 2010 前，努力增加新型舰艇，逐步淘汰现役装备，发展海

① Vietnam defence spending to grow by 14.32% to 2015 [EB/OL]. http://www.strategicdefenceintelligence.com/article/XOktYhOMW6/2011/08/12/vietnam_defence_spending_to_grow_by_1432_to_2015/.

② 来源于越南国防预算，见 http://www.viet-studies.info/kinhte/Thayer-Vietnam-s-Defence-Budget.pdf。

军潜艇及航空兵部队，向海军现代化目标迈进；在2050年前，形成独立的远海和立体作战力量，全面实现海军的正规化和现代化。越共十一大政治报告明确指出要重点加强海军、防空—空军、通信兵、电子战部队和技术侦察部队的装备建设，把海军现代化建设放在首要地位。

二、加快海(空)军军备升级，构筑一体两翼战略防御体系

越南海军总兵力约5万余人，下辖5个沿海军区，拥有各型作战舰艇120余艘。①

越南海军司令 Nguyen Van Hien 强调，建设现代海军"以保护越南国家海上主权和海洋利益，并确保一个和平、稳定的经济发展环境，是越南党、政府和人民军的首要任务。"②围绕这一海军建设目标，满足海军现代化发展，越南党将舰艇装备的现代化和远洋化作为其海军建设的重点。越南通过从国外购买武器加快海空军军备升级，俄罗斯已成为越南武器装备最大的进口国，"占到越南武器进口份额的93%，其次是乌克兰6%，罗马尼亚和以色列分享小于1%。2010年，俄罗斯占越南武器进口额98%。俄罗斯向越南提供的主要设备包括水面战斗舰艇、潜艇和飞机"。③ 2009年4月，越南宣布向俄罗斯订购6艘636M型基洛级柴电静音潜艇，合同金额高达20多亿美元。这6艘636M型基洛级柴电静音潜艇分别是第一艘"河内"号，舷号为HQ-

---

① 数据来源：http://en.wikipedia.org/wiki/Vietnam_People's_Navy.

② Vietnam upgrades navy to protect sovereignty: deputy minister [EB/OL]. http://www.thanhniennews.com/index/pages/20110805154007.aspx。

③ Vietnam defence spending to grow by 14.32% to 2015 [EB/OL]. http://www.strategicdefenceintelligence.com/article/XOktYhOMW6/2011/08/12/vietnam_defence_spending_to_grow_by_1432_to_2015/.

182；第二艘“胡志明”号，舷号 HQ－183；第三艘“海防”号，舷号 HQ－184；第四艘“岘港”号，舷号 HQ－185；第五艘“庆和”号，舷号 HQ－186；第六艘“巴地-头顿”号，舷号 HQ－187。2011 年 8 月，越南国防部长 Phung Quang Thanh 表示，越南将在 6 年之内建成一个先进潜艇旅，装备包括 6 艘俄罗斯制造的最先进基洛级潜艇，越南总理 Nguyen Tan Dung 透露，越南的长期目标是建设一支南海区域最强的潜艇部队。越南向俄罗斯订购了 4 艘猎豹 3.9 级轻型护卫舰，2011 年 3 月和 8 月，俄罗斯建造的 2 艘猎豹 3.9 级轻型护卫舰分别交付越南海军，成为越南最大最先进的主力作战舰艇；越南海军已从俄罗斯接收 5 艘闪电级导弹巡逻艇，正在自行建造 6 艘同类舰艇，预计在 2016 年完成；2011 年 10 月，俄罗斯向越南海军交付 2 艘萤火虫级巡逻艇，加上 2003 年交付越南海军的 2 艘，越南目前拥有 4 艘萤火虫级巡逻艇。[①] 此外，越南正与荷兰洽谈购买西格玛级轻型护卫舰。越南海军主力阵容初露端倪，将构建一支体系较为完整的近海作战舰队架构，包括越南近年来引进的四款新型主力舰艇，分别是 636M 型基洛级柴电静音潜艇、闪电级（1241.8 型）导弹巡逻艇、猎豹 3.9 级轻型护卫舰和西格玛级轻型护卫舰。

越南现有各类港口 119 个，其中主要海军基地和军用港口 10 余个，但越南海军基地总体布局呈现出“南重北轻”的特点。为平衡南北方向海上防御重心，2006 年初，越南国防部计划在海防市耗资 5 亿美元在河内以东 120 千米打造越南第二大深水军港（海防海军基地），2007 年初开工。新港口占地约 3 万公

① Vietnam has become a major customer of Russian naval equipment [EB/OL]. http: // rusnavy. com/nowadays/concept/opposite/vietnam-contracts/.

顷，一旦建成，将能停靠4万吨级的战舰和40～60艘水面舰艇及潜艇，成为继金兰湾之后的越南第二大海军基地，不仅缓解越南战舰只能停靠在南部金兰湾基地的困境，而且还极大地加强越南海军的基础设施建设，将越南海军战斗保障能力提高到一个新水平，同时也达到加强对南海海域监控力度的目的。

2010年8月，俄罗斯向越南交付了可装备一个营的宝石岸基反舰导弹，包括4辆导弹发射车，每辆发射车装备4枚宝石岸基反舰导弹，还有4辆导弹装填车和两套最新型的配套岸防雷达系统。2012年，俄罗斯同越南讨论新协议，再提供一个营的宝石岸基反舰导弹给越南。① 越南已装备一个苏-27SK/UBK航空团和一个苏-30MKV/MK2航空团，正计划再装备一个苏-30MKV/MK2航空团。据英国《简氏防务周刊》报道，越南总理Nguyen Tan Dung访问印度期间，越印双方签订了国防协议，从法律层面确认了今后印度优先向越南出售武器装备，其中包括印度军队正在装备的“布拉莫斯”巡航导弹等高技术装备。②

越南海军正在建设以两栖登陆舰为核心，以南海岛礁为目标的海空夺岛部队。2011年10月越南海军接收了一艘在俄罗斯专家协助下建成的代号为HQ-571长沙号的两栖登陆舰，并正在积极从西班牙和韩国分别采购1.39万吨的西班牙加里西亚级大型两栖登陆舰。2012年1月越南海军第一艘TT400TP型巡逻舰正式服役，其武器装备和大部分舰载设备都是俄罗斯产品，第二艘同类型舰正在接受测试，越方还计划采用本国技术建造第三艘TT400TP型巡逻舰。越南订购了3架欧洲空客下属的军

---

① 转载至《越南国防战略向南海转移》，《汉和防务评论》，2012年8月号。

② 见www.hnce.com.cn，最后浏览日期2009年5月10日。

用飞机公司生产的 C212－400 型海上巡逻机，空客为越南生产的这款巡逻机特别加装了由瑞典 SSC 公司生产的 MS6000 空中雷达，能对水面舰队实施有效侦察和监控。C212－400 巡逻机服役后，不仅能增强越南海上监视能力，也能为越南海空军提供一定的空中预警支持，为越南海军的两栖夺岛舰队提供空中支援。

越南海空军和岸基反舰导弹由南向北沿着东南沿海进行军力部署，其中 2 艘猎豹 3.9 级轻型护卫舰部署在金兰湾海军基地，一旦海防海军基地建成使用则另外 2 艘猎豹 3.9 级轻型护卫舰将部署在此，以加强对南海海域的监控力度。宝石岸基反舰导弹部署在胡志明市的藩切，距离海岸只有 1 300 米，射程达 300 公里，尽管射程无法覆盖南沙群岛，却能拒止中国战舰靠近其近海。苏－27SK/UBK 航空团部署在空军富吉基地，可有效覆盖南海西沙和南沙群岛。苏－30MKV/MK2 航空团部署在胡志明市郊区边和空军基地，可有效覆盖包括马六甲海峡在内的海域。2014 年 1 月 1 日，越南首艘 636 型基洛级柴电静音潜艇“河内”号运抵越南中南部军港金兰湾开始服役。到 2016 年越南向俄罗斯订购的 6 艘基洛级柴电静音潜艇将全部交付越南海军，将可能部署在南海南部，形成“潜艇伏击区”，[①]这 6 艘潜艇确保越南海军在执行巡航任务时，能随时出动至少 2 艘，协同部署在边和空军基地的苏－30MKV/MK2 封锁马六甲海峡。

三、实施全民国防战略，强化全民海疆意识

“从事与海上事业有关的众多人口，现在与从前一样，是海权的一种主要因素。”[②]而“发展海权所必需的最重要的民族特

① Vietnam’s Undersea Anti-Access Fleet［EB/OL］. http://thediplomat.com/the-naval-diplomat/2012/11/01/vietnams-undersea-anti-access-fleet.

② ［美］A. T. 马汉著：《海权对历史的影响》，北京：解放军出版社，1998 年，第 64 页。

点是喜欢贸易，包括必须生产某些用来交换的产品。”①越南提出向大海要生存、向海洋谋发展的新思路，制定了“发展海洋经济”的国家蓝图和战略宗旨。这一战略宗旨强调：如要促进经济、社会、人民生活有更大的发展空间，在陆地资源被超负荷开发和严重损耗之前，就必须向大海发展，大力发展海洋经济，用海洋来养活陆地，用海洋来补充陆地资源的消耗。越南公布的海洋战略蓝图提出，2020 年要把目前海洋经济产值占国内生产总值（GDP）的 47％～48％增加到 53％～55％；2020 年要使海洋经济的出口额占全国出口额的 55％～60％。

越南“新全民国防军事战略”奉行积极防御战略方针，要求军队建设必须服从和服务于国家的经济建设，把“保卫海洋领土和海洋资源”作为新军事战略的重心，并以此为指导强化全民海疆意识。越南政府 2009 年任命了“西沙群岛主席”；2011 年在其强占的南沙群岛部分岛屿举行所谓的“国会代表”选举；在南海声称拥有主权的岛礁进行渔业、旅游和能源资源开发，建设战略设施；放任民众到中国驻越大使馆进行主权要求示威；在南海相关海域举行海上实弹演习；出版《黄沙文集》、《东海上的越南烙印》等书籍，强调越南从阮朝、西山朝代到抗法、抗美和国家革新开放时期对黄沙（中国称西沙）和长沙（中国称南沙）两个群岛确立并行使主权的历史，从而明确肯定越南国家是历史上，起码是十七世纪先占黄沙群岛（中国称西沙）和对其行使主权的第一个国家，越南登上黄沙群岛（中国称西沙）并对其行使主权是持续的、和平的、完全符合国际法律和国际惯例。

2012 年 6 月 21 日越南国会通过《越南海洋法》并于 2013

---

① ［美］A. T. 马汉著：《海权对历史的影响》，北京：解放军出版社，1998 年，第 68 页。

年元月一日正式实施。《越南海洋法》将为确定越南海域范围和法理制度提供法律依据，为落实越南海洋战略提供重要工具。该法律将越南至2020年海洋战略的主要内容纳入立法，将发展海洋经济的原则、重点产业、规划等以法律形式确定下来，强调了发展海洋经济与保卫国家海洋主权、国防安全和安全秩序的关系，将油气和矿产资源勘探开发、港口和运输业、旅游、水产、科研、人力资源六大产业作为国家重点优先发展的海洋经济产业。

第二节　蝴蝶效应

——越南军事外交战略分析

越南通过构筑一体两翼防御体系成功化蛹成蝶，并积极开展多边平衡外交，向国际社会开放金兰湾海军基地，[①]开放海洋合作开发，[②]构建南海利益共同体，一旦南海起纷争，则扇动翅膀搅起惊天骇浪，制造蝴蝶效应，引起多边连锁反应，从而有效地抵制地区大国（中国）对越南主张的海洋权益的挑战，实现其威慑地区大国（中国）军事解决南海海洋权益争端的“反介入战略(anti-access strategy)”目标。

一、联合国

越南1994年已批准并正式成为1982年《联合国海洋法公约》的缔约国。2009年5月6日越南和马来西亚联合提交了200海里外大陆架“划界案”，几乎侵蚀了整个南海，随后越南单

---

① 见 http://www.telegraph.co.uk/news/worldnews/asia/vietnam/8116192/Vietnam-offers-navy-base-to-foil-China.html。

② 《越南海洋法》强调加强与各国、地区和国际组织机构的海洋国际合作，其中确定了许多关于海洋和大洋的具体务实合作。

独提交“划界案”声称对中国南沙群岛和西沙群岛拥有主权，更是引起了国际社会的广泛关注和极大的争议。越南政府强调，1982 年《联合国海洋法公约》是联合国文件体系中最为重要的多边法理文件，是海洋国家在符合国际公约基础上肯定自己主权和管辖权的重要法理依据；《越南海洋法》在符合《联合国宪章》和越南作为缔约国的其他国际条约的基础上按照越南法律规定对越南海岛和海域进行统一管理，越南对本国海域行使主权和管辖权过程中在越南法律、双边和地区有关协议的基础上一直遵守《联合国海洋法公约》的规定；《越南海洋法》主张以符合 1982 年《联合国海洋法公约》和国际法律与实践的和平方式与有关国家解决海洋、岛屿的争端。针对菲律宾近期向联合国提起对中国的诉讼，“越南政府认为各国完全有权利选择按照《联合国宪章》和国际法，包括 1982 年《联合国海洋法公约》和平解决南海争端”。[①] 企图以此在国际社会占据法理制高点，以国际法来抗衡中国政府对南海岛屿及其附近海域无可争辩的主权(indisputable sovereignty)。

二、美国

20 世纪 90 年代以来，美国调整其亚太安全战略，2009 年提出“重返亚太”，2011 年提出“太平洋世纪”概念，2012 年美国国防部长帕内塔直接把美国亚太安全战略定义为“再平衡战略”。美国的“再平衡战略”重视东南亚地区，强调美国与东南亚国家在军事互访、联合演习、后勤援助、训练安排以及军售等领域的合作，大力提高美军在东南亚地区威慑地区冲突、对危机作出灵

---

① East Sea solutions must follow int'l laws：Vietnam official [EB/OL]. http：// www. thanhniennews. com/index/pages/20130125-east-sea-issues-need-solving-under-intl-laws-vietnam-official. aspx.

活反应的能力,发挥“权力平衡者作用”。2007 年以来,美国一些有影响力的官员,包括美国中央情报局主任定期探访越南,美越军事交流不断扩大,以共同面对中国在这一地区不断上升的威胁。2010 年 8 月 8 日,美军航母乔治·华盛顿号抵达越南岘港附近的南海海域。2010 年 8 月 10 日,美国海军导弹驱逐舰约翰·麦凯恩号也到达岘港,参加美越海军联合训练。2010 年 10 月 11 日,美国国防部长盖茨访问越南时声称,亚洲国家应该通过多边渠道解决领土争端。2011 年 12 月越南和美国在越南岘港举行海军交流活动。2012 年 4 月越南和美国开展了为期一周的海军交流,美国第七舰队的三艘船访问了岘港。2012 年 6 月初,美国国防部长帕内塔访问越南,与越南达成了双边防务关系的备忘录,其关键部分是越南允许美国军舰进入金兰湾,美国国防部长帕内塔访问金兰湾时宣布,将加强美越之间的安全合作。① 美国明确表示,“确保在南海海上航行自由是美国国家利益所在,分析家认为,华盛顿正在扩大其在亚洲的军事存在,以抗衡中国影响力的不断上升。”②美国南海地缘战略已经从中立日益转为“介入但不陷入”,越南政府出于其国家海洋利益需要,乐观其变,并积极主动开展美越军事安全合作。

三、俄罗斯

俄罗斯海洋战略中心东移,将未来的重点放在太平洋,强化在西太平洋地区的军事部署,势必要加强与东南亚国家的关系。自苏联时期起,越南就是俄罗斯的盟友。俄罗斯国防部长谢尔

---

① Tomotaka Shoji. Vietnam, ASEAN, and the South China Sea: Unity or Diverseness? [J]. NIDS Journal of Defense and Security, 2012, 11: 13.

② Tensions Build as Vietnam Hosts US Navy [N]. THE ASSOCIATED PRESS, 2012 - 04 - 23.

久科夫 2010 年访问越南，双方讨论了俄罗斯向越南提供贷款，继续扩大俄越军火交易规模的可能，除了出售成品武器装备外，双方合作项目还有俄罗斯帮助越南组建海军航空兵以及组建潜艇部队，包括兴建潜艇码头、维修基地、人员培训基地以及潜艇通信设施等。《俄罗斯国家军备计划(SAP) 2011 - 2020》①规定，俄罗斯海军不再以美国和北约作为其主要的潜在对手，将重点装备俄罗斯太平洋舰队(the Pacific Fleet)。俄罗斯太平洋舰队战略重点是抗衡迅速现代化的中国海军(countering the rapidly modernising Chinese People's Liberation Army-Navy)；确保有争议的俄罗斯千岛群岛(北方四岛)主权安全(ensuring Russian sovereignty over the disputed Kuril Islands(Northern Territories))；保护萨哈林(库页岛)海岸海上能源基础设施(protecting offshore energy infrastructure off the Sakhalin coast)的安全；以及在南亚和东南亚地区重建军事存在(showing the flag in South and South-east Asia)。2012 年 7 月，俄罗斯海军总司令奇尔科夫表示，"莫斯科正在古巴、塞舌尔和越南谈判建立补给和维修设施"。② 2012 年 7 月越南国家主席 Truong Tan Sang 访问俄罗斯，两国首脑会谈通过了《俄罗斯与越南加强全面战略伙伴关系的联合声明》，声明将循序渐进地发展俄越军事技术合作以及国防与安全领域的伙伴关系。Truong Tan Sang 表示，"越南金兰湾港的船舶维修及保养设施将向停靠金兰湾的友军提供服务。向俄方提供金兰湾作为物资技术保障站，将深

---

① Russia's naval focus shifts to China [EB/OL]. http://www.oxan.com/Analysis/DailyBrief/Samples/RussiaNavalFocus.aspx.

② C. Raja Mohan. A Russian Naval Base in Vietnam? [N]. The Indian Express, 2012 - 07 - 30.

化与俄罗斯的军事合作”。[①] 俄罗斯与越南加强军事外交合作，既有利于平衡中国崛起对区域格局的压力，又可以对美国“再平衡”战略形成牵制。

四、日本

日本和越南分别在东海和南海与中国存在海洋主权争议，日本与越南有意利用美国重返亚太战略联合起来，在领土、领海问题上共同牵制中国，日本与越南在地缘政治上的合作正变得越来越重要，越南与日本积极开展“海洋对话”谋求建立“对华牵制包围圈”。[②] 越南居于日本的“印支战略——东盟战略——亚洲战略”中重要一环，成为日本试图争夺东南亚主导权、制衡中国在印支地区影响的战略支点。2012 年 4 月 21 日，越南总理 Nguyen Tan Dung 在东京就中国与东盟部分成员国存在主权争端的南海问题表态，为了该地区和平稳定，包括日本在内的各国都应提供合作，并希望日本等地区外国家积极参与。2013 年 1 月 16 日，日本首相安倍晋三访问越南，被日本媒体视为日本“围堵”中国战略的重中之重。在与越南总理 Nguyen Tan Dung 的会谈中，安倍晋三公开呼吁越南与日本联起手来，共同应对中国在本地区“日益活跃的行动”。在会谈后的联合新闻发布会上，安倍晋三称，“日越两国将发展在地区和平和稳定中扮演积极角色的战略伙伴关系。两国一致同意，积极推进在政治、安保领域的合作”。[③]

五、印度

1992 年，印度政府首次提出“向东看”，强调发展与东盟和亚太国家的关系，正式启动“东向战略(look-east policy)”。2003

---

① C. Raja Mohan. A Russian Naval Base in Vietnam? [N]. The Indian Express, 2012 - 07 - 30.

② 见《日媒:“对华牵制包围圈”》,《新华网》,2013 年 4 月 30 日。

③ Japan woos Vietnam amid shared China concerns [N]. The Associated Press, 2013 - 01 - 16.

年，印度政府提出建立以东盟为核心，加上中、日、韩、印四国的合作新机制(即“10＋3＋1”)，进而发展成为“亚洲经济共同体”的设想，正式标志着其“东向战略”的地域定位已超越东盟，延展至整个东亚和南太地区。印度与东盟开启全面安全防务合作，涉及军事培训、反恐、马六甲海峡通道安全等。“中国因素是印度不断推进其‘东向战略’的重要动力”①“南海处在印度的战略利益范围之内，印度必须扩大在南海地区的军事力量存在，从而与中国的实力保持平衡”。② 印度正通过增加在东南亚和南海地区的军事存在，扩大在南海地区的军事影响力和强化对印度洋的控制，阻遏中国海权发展和中国海军进入印度洋，从而平衡亚太地区的战略格局。印度政府强调，“印度支持在国际水域，包括在中国南海的航行自由，并有权根据公认的国际法原则通过。这些原则应该得到所有人的尊重。”③印度希望在南海建立一个永久性军事存在，以有助于印度海军在东南亚战略运输线发挥重要的作用。④ 2011 年 9 月 14 日越南与印度举行了副部长级防务战略对话，深化在国防领域的广泛合作。作为对印度东进对抗中国在印度洋和太平洋的“珍珠岛链”⑤战略的回应，

---

① 见《印度“进军东亚”：以经济外交平衡中国影响力》，《第一财经日报》2011 年 2 月 21 日。

② Robert D. kaplan. Center Stage for the twenty-first centry: Power plays in the Indian ocean [J]. Foreign Affairs, 2009, 88(02): 21.

③ Rajat Pandit. India to help train Vietnam in submarine operations [N]. TNN, 2011 - 09 - 15.

④ Indiaand USA to protect Vietnam from China [EB/OL]. http://english.pravda.ru/world/asia/18 - 07 - 2011/118509 - vietnam - 0/.

⑤ 2004 年美国提出的所谓中国破解“马六甲困局”的“珍珠链战略”(“String of Pearls” strategy)，包括巴基斯坦的瓜达尔港、孟加拉国的吉大港、斯里兰卡的汉班托特港、缅甸的实兑(Sittwe)、科科岛(Cocos Islands)，以及柬埔寨的哈努维尔港(Hanuweier)。

越南允许印度军舰进驻芽庄港和下龙湾海军基地，进而构建起从安达曼岛到尼克巴群岛，再到越南金兰湾的“南海包围圈”；作为在亚太地区对抗中国的战略举措，印度则帮助越南提升海军规模和实力，并为其建造海洋巡逻船和攻击快艇。

六、东盟

越南是2011年第五届东盟国家海军首长会议主席国。越南与泰国和柬埔寨海军已建立热线并进行联合巡逻，并将与马来西亚和印度尼西亚海军进行联合巡逻，与其他东盟国家签署联合巡逻协议。越南海军与其他东盟国家海军除了进行研究和救援演练外，还开展诸如信息共享，非传统安全问题合作包括打击恐怖主义、海盗、走私、非法移民、维护海事安全等。

越南积极寻求东盟国家在南海问题上的集体行动，强化东盟国家在南海领土争议上的共同利益，强调在1982年《联合国海洋法公约》和《南海各方行动宣言》的基础上解决各东盟国家南海主权争端，签署《东盟与中国行为守则》。印度尼西亚东盟国家国防部长会议联合公报称，越南与东盟国家“相对统一”同意在国际法基础上多边和平解决南海纠纷。① 2013年4月10日至11日东盟外长会议(AMM)(包括东盟外长会议(AMM)、东盟政治安全共同体会议(APSC)、东盟协调理事会会议(ACC)等)，提出“东盟：我们的人民、我们的未来”口号。东盟各国外长就南海问题强调了东盟的共同观点与原则，具体包括：维护南海和平与稳定，通过和平方式解决海上争端；遵守包括1982年《联合国海洋法公约》在内的国际法；充分且有效落实

① Vietnam to modernize military with Kilo-class submarine fleet [EB/OL]. http://talkvietnam.com/2012/08/vietnam-to-modernize-military-with-kilo-class-submarine-fleet/#.UQoVkLJnOBc.

《南海各方行为宣言》，早日制定《南海行为准则》。各国外长一致同意支持东盟轮值主席国文莱就南海问题发表新闻公报，东盟各国外长一致同意要求东盟高官会议(SOM)与中国方面进行磋商，早日启动《南海行为准则》的正式谈判。

七、油气外交

包括越南在内的南海周边国家，在南海总共打了约 1 380 口油井，全世界各大石油公司都从中受益，进而形成了油气利益共同体。从 1974 年开始，越南逐渐控制了南海白虎油田、大熊油田、白犀牛油田、青龙油田、东方油田等。1977 年，越南先后两次公布直线基线，宣称其专属经济区和大陆架从其直线算起向外延伸 200 海里，该区域进入中国传统海疆线内达 100 多万平方公里。在划界的同时，越南一直加紧在南沙海域进行石油资源的勘探活动。越南将占据的南沙海域划定 180 多个区块，以此在国际范围内招标。越南已与 50 多个国家和地区的石油公司签订了石油勘探和开发合同，包括美国、日本、意大利、加拿大、德国、印度等国家的石油公司，例如英国石油公司(BP)、康菲、韩国国家石油公司、马来西亚国家石油公司以及加拿大塔利斯曼公司。2012 年 4 月越南与世界最大能源企业、天然气生产商俄罗斯天然气工业公司签署开采南海两个大型天然气田的协议，俄罗斯天然气公司计划与越南油气集团一起开发 05.2 和 05.3 两块油气区域。①

第三节　建构安全

——越南海权战略分析

越南立足于国家海权战略调整，建构海洋安全态势，服务于

---

① 见《越南邀俄罗斯到南海采气　美媒指意在联俄制中》，《环球时报》，2012 年 4 月 10 日。

越南国家海洋发展战略，以适应越南国家海洋发展战略对军事安全保障的需要。越南已然发展成为美国亚太安全战略、俄罗斯海军太平洋战略、日本“围堵”中国战略以及印度海军东进战略的组成部分，成为美国、俄罗斯、日本、印度竞相合作的军事安全战略支点。

越南海权战略建基于以美国为代表的国家和地区（美国、俄罗斯、日本、印度、东盟）亚太军事安全战略调整的契机，针对地区大国（中国）军事解决南海海洋权益争端的可能，调整国家军事安全战略，把海（空）军现代化建设放在优先发展地位，以南北向陆地为体、东西南海洋为翼，构筑一体两翼防御体系。在军事战略上东面南海反介入（anti-access strategy），西南控扼马六岬威胁海上战略安全通道；在军事外交战略上积极开展多边平衡外交，向国际社会开放金兰湾海军基地，开放海洋合作开发，构建南海利益共同体，立足于 1982 年《联合国海洋法》等国际法基础，在联合国框架下构建南海多边（主要是以美国为代表的国家和地区）治理结构；以 2006 年越共十大为转折点，在内政方面逐步认同以美国为代表的西方价值观和政治制度，建立美国与越南的制度互信，[①]谋求在政治、经济和安全领域美国对越南的全

① 2006 年越共十大开启越南政治体制改革，实行中央委员和重要领导职务（包括总书记）差额选举和信息公开化，允许党内派系竞争；国家权力分配趋向均衡，“四驾马车”——越共总书记不得兼任国家主席和军队最高统帅、国家主席是国家元首兼任武装部队总司令和国防与安全委员会主席、国会主席领导立法和司法、政府总理掌管行政；2011 年越南第十三届国会代表选举和地方各级人民议会代表选举实行直选和竞选，进行差额选举，允许非党参选，允许民间自报候选人参选，禁止政府官员兼职国会代表；国会代表对由国会选举产生或由国会任的官员进行信任投票；认同司法独立的普世原则，实行司法独立，中央及各级党委不干涉司法审判工作，最高法院可审理党政高级领导的腐败案件，越共中央完全不干预审判工作；实行《阳光法案》国会代表和政府官员必须申报个人财产等改革措施。

面支持，走向美越军事安全同盟关系[①]的建构，使得地区大国(中国)在考虑军事解决南海海洋权益争端问题时有所顾忌，从而建构越南南海海洋安全态势，为越南国家海洋利益的实现提供军事安全保障。

越南海权战略的实现将进一步挑战中国南海海洋主权和海洋权益，威胁中国南海海洋战略通道(南海西向出海口进入马六甲海峡)的安全，加剧中国海洋战略环境的紧张态势，进而配合美国重返亚太战略目标的实现，遏制中国的战略空间。从亚洲大陆到太平洋存在着一个巨大的地缘政治断层，太平洋自西向东排列成三大岛链。[②] 三大太平洋岛链被美国所控制或影响，成为美国实施太平洋战略的依托，以此对亚洲大陆国家(主要是俄罗斯和中国)进行战略围堵。中国处于被"C"型包围[③]的战略环境态势，漫长的海岸线出海口被西太平洋第一岛链、第二岛链以及朝鲜海峡、大隅海峡、巴士海峡、马六甲海峡等海峡牢牢封住。第一岛链的北部被美国与日本、韩国的军事同盟所控制，正面则受中国台湾地区的阻隔，这两个地区在战时都极易被封锁，只有东南亚地区是我国进入太平洋受到牵制较小的地区。

南沙诸岛是第一岛链上控扼亚欧航路海上生命线的重要战

---

① 2011年新加坡香格里拉对话会一个值得关注的细节，在盖茨演讲中，紧随美日同盟和美韩同盟的论述后，盖茨直接在第三顺位就谈及美国和越南的关系，美越关系重要性凸显，这一转变可能预示着美国政策的新动向以及美越关系新的调整，随着美国与越南各自国家利益的需要，美越同盟不是没有可能。参见《盖茨为舰机侦察中国辩护罕见抬高美越关系》，《东方早报》2011年6月5日。

② 三大岛链，即由日本列岛、琉球群岛、菲律宾、大巽他群岛组成的"第一岛链"；由小笠原群岛、关岛、马里亚纳群岛、帕劳群岛等构成的"第二岛链"；由阿拉斯加、中途岛、夏威夷组成"第三岛链"。

③ 参见戴旭著：《C型包围——内忧外患下的中国突围》，上海：文汇出版社，2010年。

略支点，马六甲海峡作为连接两大洋的海上战略要道，是中国重要的海外贸易通道和战略通道，中国从印度洋沿岸进口的石油已经占到石油进口总量的近 80%，中国 2009 年对进口石油的依存度超过 50%，2015 年将达到 65%，2020 年预计达到 70%，2030 年可能会达到 80%。美国把马六甲海峡列入其必须控制的 16 条“战略水道”之一，美日以及马来西亚、印度尼西亚等邻近国家掌握了马六甲海峡地区的“控制权”。一旦进入战时状态，越南在南海南部部署一个“潜艇伏击区”打击进出南海的运输船队，在胡志明市郊区边和空军基地部署的苏-30MKV/MK2 航空团远程空中打击马六甲海峡运输船队，将有效威胁中国的海上战略安全通道。

越南调整海权战略，成功化蛹为蝶，但其构筑的一体两翼军事安全防御战略也仅仅是蝴蝶的两只翅膀经不起风雨，通过多边平衡外交构建的南海利益共同体蝴蝶效应初显①但一时掀不起滔天巨浪，这为中国积极调整海权战略，化被动为主动应对海上争端提供了时间和空间。2012 年中国政府维护国家海洋权益的诸多举措，包括中菲的黄岩岛对峙、中日之间钓鱼岛争端升级、针对《越南海洋法》的发布宣布三沙市正式成立、中海油两次发布在南海海域的油气开发招标、中国的第一艘航母“辽宁号”正式服役以及中共十八报告正式提出“坚决维护国家海洋权益，建设海洋强国”，标志着中国国家海权战略开始转型，即以军事

---

① 2012 年 12 月中国渔船切断越南国家油气集团(PVN)“平明二号”探测船电缆事件发生后，越南表示将派边防海警巡逻；印度表示印度海军将前往南海有关海域保护印度石油勘探权益；美国对中国阻止在有争议水域国际船舶航行的前景表示关切；新加坡和菲律宾都对中国海监登船执法的前景表示担忧，菲律宾指责中国海监登船执法为非法。参见 Vietnam condemns China's sea claims as “serious violation”, HANOI/NEW DELHI, 2014-12-04.

斗争准备为威慑力量，由被动海上维权周边维稳走向主动出击针锋相对。中国海权战略选择可以做到尊重美国在亚太地区的军事安全主导权，“确保在南海海上航行自由是美国国家利益所在”的利益诉求，不挑战美国的海洋利益；进一步巩固和深化中俄战略协作伙伴关系，①对美国亚太地区“再平衡战略”予以“再再平衡”，利用中国军火需求对俄罗斯军工企业的巨大诱惑影响俄罗斯军工企业对越南海空军现代化装备的供应和保障，从而有效地斩断越南一体两翼军事安全防御战略的两只翅膀，解除越南对中国的海上战略安全通道（马六甲海峡）的威胁；针对南海周边国家（越南）海洋权益诉求则针锋相对，以“黄岩岛模式”②有效维护国家海洋主权和海洋权益；坚持“搁置争议共同开发”的原则，主动向国际社会多边开放南海海域资源开发，构建南海利益共同体，建构南海海洋安全态势。

---

① 中俄战略协作伙伴关系的建立不仅确保了中国陆地边境的安全，也为中国顺利解决海洋争端、维护海洋利益以及进一步发展海权事业奠定了必要的基础。参见李冠群《俄罗斯对中国海洋地缘战略的影响》，《当代世界与社会主义》，2013 年第 1 期。

② “黄岩岛模式”的主要特征可以概括为四点：1. 强调维权的非军事化，即不以武力为解决争端的主要手段；2. 强调多样化维权手段的配合运用，不再单纯以外交手段为主；3. 强调中国在处理争端中的积极态势；4. 维权的目标不仅是平息争端，而是努力将态势向有利我方转变。主动维权是“黄岩岛模式”的核心，军事威慑是维权的有力保障。“黄岩岛模式”标志着中国开始积极主动应对海上争端。参见《海上争端与中美博弈——中国周边安全形势》，《世界知识》，2013 年 1 月 16 日。

第六章　菲律宾海权战略分析

朱新山

菲律宾的海权战略实施面临"四大困境"，即战略设想与战略能力的矛盾、国内平叛与国土防御的矛盾、借重外国与民族自主的矛盾以及合纵与连横政策选择之间的矛盾。中国应根据菲方的战略困境，采取因敌制胜之措施。

在所谓的南海主权"声索国"中，菲律宾与越南侵占中国岛礁最多。近年，菲律宾在南海更是动作不断，行为张扬。2012 年 4 月，菲律宾试图逮捕在黄岩岛作业的中国渔民，一度引发中菲海上对峙。2013 年 1 月，菲律宾就南海争端将中国告上国际法庭。2013 年 4 月菲律宾与美国展开新一轮"肩并肩"联合军演，规模比往昔更大。演习虽以"救灾和人道援助"为名，但包括应对周边国家威胁等进攻性科目。美方出动了包括 12 架 F/A－18"大黄蜂"战机和 8 架"鱼鹰"MV－22B 在内的 30 多架飞机以及包括两栖登陆舰、导弹护卫舰在内的 3 艘海军舰艇。① 2013

---

① US, Philippine troops start "Exercise Balikatan" amid China tensions［EB/OL］.（2013－04－06）［2013－05－05］http：// www. manilatimes. net/index. php/news/breaking-news/44799.

年5月9日，中国台湾地区一艘渔船在台湾屏东县东南约170海里的中菲重叠经济区作业时，遭到菲律宾（海岸警卫队）公务船的机枪扫射与长距追击，结果造成一名台籍船员死亡。① 2013年9月18日，菲律宾与美国又开始在有争议的南中国海水域附近举行持续三周的军事演习，显示两国迅速扩大的军事关系，双方共派2 300名陆战队员参加，出动两艘美战舰，军演包括实弹射击、参谋计划演练等。可以看出，菲律宾方面正不断加强对南中国海的控制与经营，军事冒险性明显增强，其海权战略也日渐清晰。

第一节　菲律宾的海权战略目标与战略实施

菲律宾是由7 000多个岛屿组成的群岛国家，是一典型的海洋国家。海洋国家有大有小、有强有弱，它们的海权战略有很大不同。从维护海洋权益到争取海洋权力，再到谋求制海权（从区域制海权到全球制海权），国家的海权战略目标就可区分出不同等次。像美国是全球海洋霸权国，印度是区域海洋强国（称雄印度洋），菲律宾则是海洋小国弱国。菲律宾长期是西班牙及美国的殖民地，其领土范围基本上是由这些宗主国确定下来的，因此，很长时期内，菲律宾根本谈不上海权战略。只不过到了20世纪60、70年代，菲律宾的海权意识才开始苏醒，开始有计划有组织地抢占中国南海岛礁。近年随着国内反叛势力有所衰弱，菲律宾的防务重点开始转移，其海权战略才日渐突出

① 台湾渔船遭菲律宾公务船扫射1人死亡[EB/OL].(2013-05-10)[2013-05-12] http://news.ifeng.com/taiwan/special/taiwanyuchuan/content-3/detail_2013_05/10/25128467_0.shtml.

与明晰。作为海洋小国，菲律宾的海权战略的核心是维护与拓展海洋权益（还谈不上追求海洋权力），并根据自身实力状况及借助多边机制，对最具战略意义的南中国海的海权格局积极施加影响。

自2010年阿基诺三世就任菲律宾总统以来，菲律宾更加重视海权战略的布局与实施。阿基诺试图将菲律宾武装部队的防务重点从"维护国内安全"转到"强化领土防卫"上来，在战略重心上重点关注西部海区的防卫与海上安全。① 2012年9月12日阿基诺下令，将同中国存有主权争议的部分南中国海海域命名为西菲律宾海。阿基诺声称，菲律宾政府将向联合国注册这个新地名，"菲律宾行使管辖权，有权以适当的名称，标示本身的海域，在绘制国家地图时使用。"②近年，菲律宾政府大力采购新式武器装备，提升菲律宾的海空作战能力，加强对重点海区的防卫，菲律宾海军约有半数以上的舰艇与陆战队部署在西部南沙海区。菲律宾海权战略的基本目标是，维护与拓展海洋权益，保证海上交通线畅通，加强近海防御，提高国土防御能力，③保卫菲律宾的领海主权与海洋资源，重点加强对南海岛礁的防守、补给与经营。

由于菲律宾主张的海洋权益与中国主张的海洋权益，在南

---

① 释清仁.菲律宾军事战略调整表现出目标与手段选择的错乱[EB/OL].(2012-11-23)[2013-05-01] http://yn.people.com.cn/news/n/2012/1123/c336247-17759586-2.html.

② 菲把部分南中国海命名西菲律宾海[EB/OL].(2012-09-13)[2013-04-11] http://www.zaobao.com/special/china/southchinasea/pages/southchinasea120913a.shtml.

③ DND Chief SaysAFP Modernization in Full Swing [EB/OL].(2012-07-07)[2012-07-10] http://www.philstar.com/Article.aspx?publicationSubCategoryId=63&articleId=824905.

中国海上有相当程度的重叠，这是两国关系时有紧张的根源之一。正如著名军事专家倪乐雄教授所指出的，当国家“内向型经济”转向依赖于国际贸易的“外向型经济”后，国家安全的空间便向海洋拓展。经过 30 多年的改革开放，中国的经济形态已完成了史无前例的大转型，在中国历史上首次出现了“海上生命线”的问题，以及关乎本土生死存亡的海外重大利益区域问题。中国的国防范围自然而然就越出了本土的范围，而海上安全的内涵除了本土不受海上入侵之外，还增加了对海上生命线和海外重大利益区域的保护，而后者比前者更为艰巨、更为复杂。① 中国的海权战略目标，因而就同时包涵了传统的维护海洋权益（尤其是主权海域之安全）与谋求海洋权力，以确保中国的战略利益之实现。毫无疑问，南海是中国海权战略的重中之重。南海对中国来说，是能源进口与贸易出口的咽喉要道，中国作为经济外向型大国必须确保经过南海再穿越马六甲海峡之海路畅通；作为全球能源消耗大国，确保能源安全与有效供给（据信南中国海蕴藏有 230 亿到 300 亿吨的石油和 16 万亿立方米的天然气），是中国的既定战略目标；另外，以海洋资源开发为基础的“海洋经济”，正在成为中国经济振兴不可或缺的战略支柱产业。虽然如此，中国在南海争端处理上还是表现出相当的大国风度，主张“搁置争议，共同开发”，真正践行老子的格言“大者宜为下”②。然而，菲律宾方面似乎并不领情，总是试图突破中国能够容忍之底线，一意孤行。菲律宾先后占领中国南沙群岛 8 个岛礁，并在中业岛上建有南沙最大机场，借以扩大国家防御之纵深；菲律宾

① 倪乐雄．文明转型与中国海权[M]．上海：文汇出版社，2011：57、190．

② 引自《道德经》第六十一章。

政府还单方面公布海洋立法，规定200海里经济专属区，将南沙群岛东部41万平方公里海域划入其管辖范围；菲律宾还联合多家外国石油公司，在与中国有争议的礼乐盆地等地积极勘探开采油气资源。可以看出，菲律宾方面信奉先下手为强，多抢多占，对南海岛礁及重要资源区块不断蚕食，妄图形成从实际控制到最终所有之结局。

目前，菲律宾政府推行其海权战略的主要措施有：

第一，推进自身军事现代化，为海权战略的实施奠定坚实基础。海权战略之实施，以海空军力量为基础，但菲律宾相关力量非常弱小。目前，菲海军有兵力2.4万人，编成1个作战舰队司令部、6个海区司令部和4个海军陆战旅。西部海区司令部设在普林塞萨市，主要负责包括南沙岛礁在内的西部海区的防务。[①] 根据英国全球火力网的数据，2012年菲海军共有各型舰船110艘，包括护卫舰3艘、轻型护卫舰11艘、海岸巡逻艇59艘以及两栖冲锋舟11艘。[②] 菲律宾海军所谓的最先进舰艇，是分别于2011年8月与2012年5月从美国购来的两艘“汉密尔顿级”护卫舰（排水量3 390吨），[③]其实是美国海岸警卫队的退役巡逻舰，服役时间已达45年。菲律宾三军之中空军最弱，其约有1.7万人，编成3个空军师、9个飞行联队与7个勤务保障

---

① Philippine Navy [EB/OL]. (2012-03-31) [2013-05-02] http://www.globalsecurity.org/military/world/philippines/navy.htm.

② Philippines Military Strength [EB/OL]. (2012-12-04) [2013-05-02] http://www.globalfirepower.com/country-military-strength-detail.asp?country_id=Philippines.

③ 该舰尚未装配任何导弹，仅靠一门76毫米口径主炮，既打不远也打不狠。参见魏东旭.台湾不惧对菲律宾开战[EB/OL].(2013-05-14)[2013-05-15] http://news.ifeng.com/mil/taiwan/detail_2013_05/14/25284048_0.shtml.

联队。2012 年共有各型飞机 184 架，包括 20 架 OV－10“野马”涡轮桨轻型攻击机以及包括贝尔 UH－1U/M 在内各型直升机 89 架。[①] 这些机型都是 20 世纪 60、70 年代的水平，基本不能对外作战，主要用以对付国内的游击队。菲空军的喷气战斗机 F－5A 因为老旧，2005 年已全数退役。[②] 因此，菲律宾空军的落后状况，恰如菲国防部长加斯明 2012 年 7 月所讲，是“空军只有空没有军”。[③] 对军事能力薄弱之状况，菲律宾领导人是心知肚明。阿基诺三世竞选总统之时，就承诺“要把军费开支占 GDP 的比例由 1%提高到 2%”。刚刚上任，他就拨出 3.95 亿美元之军费用于武装部队的现代化改造，而此前 15 年这方面的经费年均仅有 5 100 万美元，阿基诺试图实现建立“最低限度、可信的防御能力”的目标。[④] 2012 年 7 月 6 日，菲律宾国防部长加斯明宣布，总价达 700 亿比索(约 16.6 亿美元)的军备采购计划正在考虑当中。[⑤] 据英国简氏集团网站报道，菲律宾 2013 年国防预算为 29 亿美元，与 2012 年相比增加 12.5%。国防预算包括了 11.3 亿美元用于国内安全防务，5 千万美元用于边境防

---

① Philippines Military Strength [EB/OL]. (2012－12－04) [2013－05－02] http: // www. globalfirepower. com/country-military-strength-detail. asp?country_id = Philippines.

② 台军对菲是牛刀杀鸡[EB/OL]. (2013－05－14) [2013－05－15] http: // news. ifeng. com/mil/taiwan/detail_2013_05/14/25266341_0. shtml.

③ DND Chief SaysAFP Modernization in Full Swing [EB/OL]. (2012－07－07) [2012－07－10] http: // www. philstar. com/Article. aspx?publicationSubCategoryId = 63&articleId = 824905.

④ 陈庆鸿. 菲律宾军事现代化及其前景[J]. 国际资料信息，2012(8)：16－21.

⑤ DND Chief Says AFP Modernization in Full Swing [EB/OL]. (2012－07－07) [2012－07－10] http: // www. philstar. com/Article. aspx?publicationSubCategoryId = 63&articleId = 824905.

御，1.1亿美元用于舰艇、飞机及其武器装备的升级。①

第二，借助主要大国（或结盟或深化合作），制约主要海权竞争对手，从而巩固与拓展其海洋权益。鉴于自身经济落后与海空军力量薄弱，菲政府借助与美国结盟以及深化同日本（中日有钓鱼岛与东海划界的海洋权益之争）的防务合作，来扩张自我的海洋权益并提高近海防御能力。从菲美《部队访问协定》到《后勤互助协议》，再到"主要非北约盟友"的称号，菲美关系自1992年美军撤出菲律宾之后的冷淡期又重新上升到较为密切的合作高度。除例行的"肩并肩"年度军演外，近年美菲拓展了演习科目并增强了演习频次。演习内容逐渐由陆上防爆训练转向海上情报分享、协同作战乃至抢滩登陆训练，演习地点也越来越靠近南海争议海域，并把中国作为假想目标。② 菲律宾还加强与日本的安全合作，复兴两国的战略伙伴关系。2013年3月，东京宣布向菲律宾海岸警卫队捐赠10艘新巡逻艇（在18个月内交付），每艘造价1100万美元，将双边关系推向了前所未有的高度。③ 虽然这些舰艇不能改变南海的力量平衡，但是能够进一步唤醒菲律宾的海洋领土意识。日菲双边关系已从陈词滥调和花言巧语发展到真正的军事和经济援助。

第三，推动南海周边"小国抱团"，共同对付中国。随着美国

---

① 中国周边各国军费增长情况披露　韩国增长最快[EB/OL].(2013-03-06)[2013-04-18] http://mil.news.sina.com.cn/2013-03-06/1029717681.html.

② US, Philippine troops start "Exercise Balikatan" amid China tensions[EB/OL].(2013-04-06)[2013-05-05] http://www.manilatimes.net/index.php/news/breaking-news/44799.

③ 日菲为利益结盟　中国察觉到巨大威胁[EB/OL].(2013-03-17)[2013-05-01] http://news.ifeng.com/mil/4/detail_2013_03/17/23189896_0.shtml.

加强亚太军事部署以及本区域军事竞赛加剧，南中国海局势日趋严峻，东盟小国抱团针对中国的态势也愈加明显。菲律宾与东盟其他南海“声索国”搁置分歧，加强在南海问题上针对中国的合作。在2012年12月21日的记者会上，菲律宾外长德尔罗萨里奥就指出，菲律宾准备召开包括文莱、马来西亚、菲律宾与越南的“四方会谈”，商讨解决南中国海主权问题。① 菲律宾还与东盟邻国建立近海防御联盟，定期举行舰艇互访、海上军事演习和军事交流等活动。例如：菲律宾与马来西亚每年举行一次“菲马劳特”海上演习，与印度尼西亚进行海上联合巡逻等活动。甚至整个东盟10国内部也正出现抱团的趋势。2013年4月25日，新加坡总理李显龙会见媒体时就说：“所有10个亚细安(即东盟)成员国都应该共同与中国讨论制定(南海)行为准则。亚细安方面已经随时准备启动，我们在等中国。中国一准备好，我们就可开始，而我们鼓励中国尽早开始谈判。有了行为准则，至少我们能避免一些擦枪走火的情况。”②

最后，促使南海争端国际化。作为一个小国，菲律宾自知在南海争端中难以与中国抗衡，因而竭力引入外部势力以自重，从而使菲中南海争端国际化与复杂化。包括：在南海能源开发上招引国外大公司参与，如菲律宾政府2012年7月11日宣布，将开放巴拉望岛西北外海三个区域的国际油气勘探竞标；③在争

---

① 菲要召集四国商讨南中国海主权[EB/OL]. (2012-11-22)[2013-04-19] http://www.zaobao.com/special/china/southchinasea/pages/southchinasea121122.shtml.

② 亚细安经济整合措施落实八成[EB/OL]. (2013-04-26)[2013-05-02] http://www.zaobao.com/photoweb/pages4/pm130426.shtml.

③ 菲律宾将开放南中国海油气勘探竞标[EB/OL]. (2012-07-12)[2013-04-16] http://www.zaobao.com/special/china/southchinasea/pages/southchinasea120712.shtml.

端解决途径上争取通过东盟、国际法院、联合国安理会等多边途径来解，并将南海争端提交东盟主导的各类国际会议。2013 年 1 月 22 日，菲律宾政府照会中国驻马尼拉大使，菲政府将单方面将南海主权争端交由联合国国际法仲裁委员会裁决，要求中国修改传统的九段线。这是东南亚"声索国"第一次以诉诸法律的方式，将中国"告"上国际法庭。

第二节　"备前则后寡，备后则前寡"：菲律宾海权战略的困境

菲律宾虽然在南海争端上动作频频，但其海权战略也面临一些难以克服的矛盾或者说是困境，恰如孙子所言："备前则后寡，备后则前寡，备左则右寡，备右则左寡，无所不备，则无所不寡。"[①]具体言之，有如下四大困境：

一、战略设想与战略能力的矛盾

长期以来，军事建设资金尤其是海空军建设资金严重不足，阻碍了菲律宾海权战略的实施。2005—2007 年间，菲律宾国防支出占 GDP 的 0.9%，排在新加坡(4.5%)、印尼(3%)、马来西亚(2%)和泰国(1.8%)之后。2009 年，菲国防开支占 GDP 的比例甚至降到了 0.8%，还不到 2009 年东南亚地区国防支出平均水平 1.9%的一半。[②] 早在阿基诺三世竞选总统之时，他就承诺"要把军费开支占 GDP 的比例由 1%提高到 2%"。然而，军费开支及海权战略实施受制于经济发展。阿基诺上台以来，由

---

① 引自《孙子・虚实篇第六》。

② Zachary Abuza. The Philippines: Internal and External Security Challenges [J]. Special Report of ASPI, 2012(02).

于公共支出不足、出口下降和外资减少等原因，菲律宾经济增长从2010年的7.4%下滑到2011年的3.7%。2012年经济增长虽有所回升，达到6.6%，但受制于国内外多种因素，菲律宾经济增长仍不稳定。菲律宾国家统计局2013年1月公布的调查结果显示，菲全国失业率为7.1%，不充分就业率则高达20.9%。① 由于国民经济总盘子较小，且面临着提高社会福利与改善基础设施的巨大压力，阿基诺意欲将军费开支提高到国民生产总值2%的目标很难实现。2013年菲律宾国防部预算为29亿美元，只占国民生产总值的1.1%，其中，用于舰艇、飞机及其武器装备升级的预算仅有1.1亿美元。毫无疑问，菲律宾海空力量现代化建设迟滞的症结主要在于资金短缺，另外，军队内部贪污腐败触目惊心，有限的经费更是难以用到刀刃上。

军事预算资金的掣肘，诱使菲律宾高层冒险寻找捷径。他们逐渐将目光投向了南海油气的勘探与开采，企图以南海石油收益充实军费开支。2011年初，阿基诺三世将军费预算从原来的50亿比索增加到110亿比索(约合2.55亿美元)，其中只有30亿比索来自政府2011年预算，其余的80亿比索完全来自马拉帕亚油气田(位于巴拉望岛西北80公里处的南海争议海域)的油气收入。② 2012年7月6日，菲律宾国防部长加斯明宣布斥资16亿美元武装菲空军的军购费用，更是全部来自该油气田。菲律宾已累计从该油气田获利54亿美元，2011年更是达到11亿美元，这些均成为菲律宾政府额外控制的神秘经费——

① 亚行预计菲律宾今明两年经济增幅可达6%[EB/OL].(2013-04-09)[2013-04-19] http://www.chinanews.com/gj/2013/04-09/4715692.shtml.

② 见 Philippines Try to Modernize Military, Asian Defence Yearbook 2010。

“第 151 基金”。[1] 分别于 2011 年 8 月与 2012 年 5 月入列菲海军的两艘“汉密尔顿级”护卫舰，也是动用该基金从美国购买的。在尝到甜头之后，菲律宾政府更是加大对南海海域的油气勘探力度，不仅授权英国论坛能源公司在礼乐滩附近海域开展地震勘探活动，还屡次提出要公开招标油气区块。

二、国内平叛与国土防御的矛盾

菲律宾海权战略的实施，还受国内平叛与国土防御这一矛盾的制约。长期以来，菲律宾为维护国家统一和国内安全，将大量的军事力量投入到打击“新人民军”、摩洛伊斯兰解放阵线和阿布沙耶夫等反叛团体中，致使海空军建设投入不足，装备和训练都相对落后。[2] “9・11”事件之后，在美国的大力援助下，菲律宾对这些反叛组织的打击取得了一些胜利。据报道，摩洛伊斯兰解放阵线人数已减为 1.2 万人，阿布沙耶夫组织从 1 000 人减少到大约 400 人，“新人民军”军力也由鼎盛时期的超过 2.6 万人减少约 4 000 人。[3] 国内叛乱力量的削弱使得菲律宾试图将防务建设重点由“国内平叛”转向“国土防御”，为海空军力量的建设提供了机遇。

阿基诺三世上台以后，对反叛力量实行区别对待策略，对摩洛伊斯兰解放阵线以和谈为主，对“新人民军”采取打拉结合，而对阿布沙耶夫组织则采取坚决取缔的做法。2011 年 2 月以来，

---

① Philippines Build Anti-China Muscle [EB/OL]. (2012－03－01) [2012－03－05]. http://www.atimes.com/atimes/Southeast Asia/NC02Ae01.html.

② 陈庆鸿.菲律宾军事现代化及其前景[J].国际资料信息，2012(8):16－21.

③ Rebels kill five in attack on Philippine mine [EB/OL]. (2013－05－04) [2013－05－05] http://www.manilatimes.net/index.php/news/breaking-news/46795-r.

菲律宾政府与摩洛伊斯兰解放阵线在马来西亚重启和谈,但一直谈谈停停。目前,菲律宾叛乱团体的力量仍不可忽视。和谈一旦难以为继,他们就可能重拾武装斗争。2012 年 7 月 7 日,摩洛伊斯兰解放阵线对政府和平谈判进程缓慢表示不满,并警告称“一些成员正在失去耐心”。[①] 2012 年 8 月 5 日,该团体的武装分子袭击了巴托省的两处政府军哨所,造成 3 人死亡、8 人受伤。[②] 2013 年 5 月 3 日,新人民军武装分子袭击了西内格罗斯省的一处矿业公司(the Philex Mining Site on the Island of Negros),政府军在赶来围捕的过程中与其发生交火,结果造成政府军士兵 5 人死亡、2 人受伤。2012 年,新人民军共发动 374 起暴力袭击,造成 81 名政府军官兵、8 名警察以及 22 名地方民兵死亡,另有 53 名平民死亡。[③] 因此,只要国内局势不平静,菲律宾防务建设重点就很难发生实质性转移。

三、借重外国与民族自主的矛盾

历史上,菲律宾是美国的殖民地,防务上长期依赖美国。直到二战结束后,美国仍然在菲律宾建有众多军事基地。而菲律宾民众一直自诩是亚洲第一个民族主义者,对美国的新殖民统治异常反感。为了寻求国家发展的独立性,1992 年,菲律宾参议院投票否决延续“美菲军事基地协议”,迫使美军撤出苏比克湾和克拉克军事基地。菲律宾开始寻求建立本国防务的独立性以减少对美依赖度。

---

① 陈庆鸿. 菲律宾军事现代化及其前景[J]. 国际资料信息,2012(8):16-21.

② 菲律宾穆斯林叛乱分子袭击陆军哨所　致 3 人死亡[EB/OL]. (2012-08-06)[2013-04-08] http://world.huanqiu.com/exclusive/2012-08/2992606.html.

③ Rebels kill five in attack on Philippine mine [EB/OL]. (2013-05-04)[2013-05-05] http://www.manilatimes.net/index.php/news/breaking-news/46795-r.

“9·11”事件后，美借助 1999 年签署的《美菲部队访问协议》进驻菲南部。近年，美菲的防务合作更是有所加强。当然，再次合作，美菲双方各有所求、相互借重。对于菲律宾而言，是希望通过军事合作“挟美自重，叫板中国”。对于美国而言，则是为了“重返亚太”，加强在该地区的军事存在。在如何应对南海问题上，美菲显然都是先从己方利益考虑，美国肯定不愿被菲律宾“绑架”，美国斯坦福大学国际安全和合作中心研究员薛理泰就明确表示，“美国是否会在南海陷入与中国的一场军事冲突，由华盛顿决定，绝非马尼拉所能左右”。①

目前，菲律宾各界对美国在菲南部长驻也心存不满。2010 年，菲律宾地方官员提议废除《美菲部队访问协议》，阿基诺三世表示持开放态度。然而，随着南海局势的再度紧张，中菲争端暂时掩盖了美菲之间的矛盾。菲律宾上层由辩论“是否废除《美菲部队访问协议》”转移到讨论“美菲《共同防御条约》的防御范围是否包括南海争端岛礁”。但是，菲律宾民众仍怀有强烈的反美情绪，每次美菲军演、美舰停靠菲律宾他们都举行游行示威活动，以致美菲高层一直惮于言及“重返基地”，而代之以“轮防”之说。② 2012 年 6 月 12 日，约 1 000 名抗议者在菲律宾首都马尼拉发动游行，抗议美国部队在该国的存在。抗议者队伍在欲前往美国驻菲大使馆时，遭到防暴警察拦截后爆发冲突。③ 因此，

---

① 释清仁. 菲律宾军事战略调整表现出目标与手段选择的错乱[EB/OL].(2012-11-23) [2013-05-01] http://yn.people.com.cn/news/n/2012/1123/c336247-17759586-2.html.

② 陈庆鸿. 菲律宾军事现代化及其前景[J]. 国际资料信息，2012(8):16-21.

③ 菲律宾上千民众举行反美游行与警方冲突[EB/OL].(2012-06-13) [2013-04-14] http://news.sina.com.cn/w/p/2012-06-13/112324584993.shtml.

菲律宾政府既想借重美国，但又不能走得太远，否则，就会引起民众的强烈反弹。

四、合纵与连横之间的矛盾

“合纵连横”是中国古代战国七雄之间的外交与军事战略的基本格局。“合纵”，即“合众弱以攻一强”，就是许多弱国联合起来抵抗一个强国，以防止强国之兼并。“连横”，即“事一强以攻众弱”，[①]就是由强国拉拢一些弱国来对付另外一些弱国，以达到兼并之目的。

今天，“合纵连横”这个研究进路，对分析南海周边各国的外交政策与海权战略仍有一定适用性。“合纵连横”既体现在南海周边各小国之间，也体现在各小国内部。

从各国之间看，“连横”事实上被一些南海周边小国认为，是中国针对他们的策略选择，中国对他们采取有拉有打的政策，主张南海争端要在双边的框架内解决，反对将南海争端国际化；而“合纵”则是南海周边一些小国在南海问题上对付中国的办法，如菲律宾、越南等国就主张“小国抱团”。

另外，“合纵连横”也体现在南海周边各小国内部。也就是说，这些小国内部，一些社会势力是主张“连横”的，他们认为要进一步加强和改善与中国的关系，尤其要深化与中国的经济联系；另有一些势力是主张“合纵”的，认为与中国存在实质性利益冲突，主张与南海周边邻国共同对付中国。南海周边小国内部的“合纵”与“连横”的外交政策分歧，只有从时下亚太地区战略格局的调整来分析，才能看得更清楚。今天，中国、印度等新兴大国，因经济的快速发展正在迅速崛起，而美国、日本等主要发达国家，在恐怖主义和经济危机的连续冲击下，实力大损。由此

---

① 引自《韩非子·五蠹篇》。

造成，亚太地区的战略平衡发生根本性转变。一方面美国在亚太“安全格局”中强势依然；另一方面从亚太“经济格局”来看，各国已不同程度地卷入以中国经济为中心的运行轨道。因此，南海周边小国在外交政策上就普遍出现“两面下注”，即经济合作找中国，安全合作找美国。① 其实，所谓的“两面下注”，在国内就表现为“合纵”与“连横”的政策选择。如从菲律宾国内看，菲律宾工商界不少人是主张对中国“连横”的，认为只有加强与中国的经济联系，菲律宾经济才能稳步增长并保持活力；而菲律宾军方不少人则是主张“合纵”的（小国抱团并引入美国力量），认为与中国在南海上保持适度紧张关系，就能增加军费，并可提高军队在国家中的地位。

第三节　“避实击虚”与“因敌制胜”：中国海权战略之应对

孙子指出：“夫兵形象水，水之形避高而趋下，兵之形避实而击虚，水因地而制流，兵因敌而制胜。”②凡用兵必争取主动，避免被动；要发现或造成敌之弱点，乘虚而入，因敌制胜。可以说，“避实击虚”与“因敌制胜”，是孙子军事战略的基本原则，这些原则用以分析菲律宾的海权战略也恰如其分。

如前所述，菲律宾的海权战略捉襟见肘（有四大困境），无论怎么实施，都有相当的弱点暴露，这就为中国海权战略展开中的“避实击虚”与“因敌制胜”创造了条件。诚然，菲律宾海军非常

---

① 黄慧敏．南中国海中美死结难解[EB/OL]．(2012-08-19)[2013-04-21] http://www.zaobao.com/special/china/southchinasea/pages/southchinasea120819.shtml.

② 引自《孙子·虚实篇第六》。

弱小，与中国相比，根本不在一个档次上。目前，菲律宾海军仅有 2.4 万人，是以单一水面舰艇为主的力量结构，没有潜艇部队。中国海军兵力则达 23.5 万人，下辖北海、东海和南海 3 个舰队，是由潜艇部队、水面舰艇部队、航空兵、陆战队、岸防部队等兵种组成的混成结构。2012 年 9 月，第一艘航空母舰"辽宁舰"也交接入列。① 两军实力悬殊之情形，对中国来讲可谓是"以碫投卵"。既然如此，为什么还讲中国海权战略要"避实击虚"呢？这是因为南海局势非常复杂且日趋严峻。目前，南海战略格局正在经历重大调整。伴随战略重心向亚太转移，美国已开始实质性介入南中国海争端。南海周边部分国家狐假虎威，军事冒险性明显增强。美国对菲律宾，由过去的控制转向放纵。对中国海军来说，最大的忧虑就是美军会不会卷入(美菲是盟国)南海的中菲军事冲突中。因此，在与南海周边国家的争端博弈中，中国的海权战略与策略如何选择就非常重要。

在南海争端解决中，中国既要确保海权战略目标之实现，又不能破坏中国经济发展的重要战略机遇期；既要稳步拓展中国之利益，又不能给美国的外部干预提供口实；既要不怕冲突升级，又要尽全力争取"不战而胜"。因此，在南海争端解决上绘就深谋远虑之战略与具体行动之策略，将是一门高超的艺术。

目前，中国已将"建设海洋强国"确立为国家的奋斗目标，为此要有相应的战略规划以及组织与领导机构。在中央最高层面，要成立中国海洋经略领导小组(目前新组合成立的国家海洋局在层次上似仍不够，仅为国务院的下属局，连国家部委都

① 参见《中国武装力量的多样化运用》，新华社北京 2013 年 4 月 16 日电。

不是)①,对中国海权战略整体谋篇布局,统筹中国海洋资源开发,综合各方力量加强海洋执法,以切实经营好占整个国土 1/3 以上的海洋领土。毫无疑问,东海与南海应该成为中国海洋经营的战略重点。其中,南沙群岛是中国海洋油气资源最为密集的地区,其水域面积极为开阔达 82 万平方公里,约占整个南海海域面积的五分之二。另外,南沙群岛战略地位十分重要,在中国通往国外的 39 条航线中,有 21 条通过南沙群岛海域,60%的中国外贸运输从此经过。因此,经略好南沙,更是中国海洋经营的重中之重。

未来 3 到 5 年很可能是中国统筹解决南海争端的重要战略机遇期。之所以形成这一判断,源自两个时间节点,一是 2015 年底东盟经济共同体将建成,二是 2020 年前美国将完成亚太战略部署。东盟经济共同体一旦建成,共同针对中国的力度将增大;美国亚太战略部署一旦到位,会对中国按自己意愿解决南海争端形成实质性制约。未来 3 到 5 年,好就好在,美国受金融危机严重拖累,尚难实质性介入南中国海争端,即使介入也明显力不从心。因此,中国必须好好把握住未来 3 到 5 年这一重要战略机遇期,力争有所作为,加快形成有利于中国的彻底解决南海争端的基本框架结构。

为此,必须明确中国解决南海争端的战略目标、突破口与具体行动步骤。下面具体分析之。

---

①　2013 年 3 月 10 日《国务院机构改革和职能转变方案》提出,“为加强海洋事务的统筹规划和综合协调,设立高层次议事协调机构国家海洋委员会,负责研究制定国家海洋发展战略,统筹协调海洋重大事项。国家海洋委员会的具体工作由国家海洋局承担。”可看出,“国家海洋委员会”仅为“议事协调机构”,没有决策权,且由国家海洋局具体负责,层次似仍过低。参见《国务院机构改革和职能转变方案》,新华网北京 2013 年 3 月10 日电。

一、中国南海争端解决的战略目标："交和而舍"，控制"战略要地"

目前中国在南海争端中的最大问题，是战略布点远未到位。孙子指出："凡用兵之法，将受命于君，合军聚众，交和而舍，莫难于军争。"①用今天的军事术语讲，就是两军交战，要先敌占领有利地形，然后，布成有利之阵式。南海争端恰如排兵布阵，中国之最大短板，就是尚未占据可修建机场与码头的有利地形或者说是战略要地。中国对外宣称控制着的南沙 7 个海礁，即永署礁、赤瓜礁、东门礁、南薰礁、渚碧礁、华阳礁、美济礁，均不具备修建机场的条件，或者说是即使修建成本也太高，因为它们在涨潮时均淹没于海水之中。其中，条件稍好的为永署礁与美济礁。但永署礁中间浅湖形态不明显，水深 14.6～40 米，不能停泊大型船只，目前建有一个 4 000 吨级码头。美济礁是一个椭圆形的珊瑚环礁，东西约 9 公里，南北约 6 公里。环礁内泻湖面积约 36 平方公里，水深 20～30 米。南部和西南部有三个礁门，南门西水道宽 37 米、长 275 米、水深 18 米以上，大型船只可以在涨潮时通过该口进入泻湖(此条件最好之水道尚需大为拓宽)。如此看来，中国控制的 7 个海礁建成具有战略意义的大型基地的条件不太具备。

目前，在整个南海争议区域中的战略要地，可能有两大块：一是地处南沙东北区域由马欢岛、费信岛、西月岛、北子岛、中业岛、南钥岛与太平岛 7 岛构成的斜"n"型地带(除太平岛由中国台湾控制外，其他均被菲律宾侵占)，南沙群岛中的三大岛(即太平岛、中业岛与南钥岛)都处此地。此处有建机场，修码头，作基地的良好条件。中业岛上菲方已修有 1 500 米长飞机跑道；二

① 引自《孙子・军争篇第七》。

是地处南沙西南区域的南威岛(南沙第四大岛)一带,条件不错,有天然良港口。南威岛被越南实际控制,上面修有 600 米长飞机跑道。

另外,根据国际法"以陆领海"的原则,岛屿领土还是海洋划界的重要依据。2013 年 1 月,菲律宾就南海争端单方提请国际仲裁,菲方"要求仲裁法庭明确宣布中国非法占领的华阳礁等属于'水下特征',是菲律宾大陆架组成部分,宣布美济礁和永暑礁等岛礁分别属于'低潮高地'、'岩礁'等,不应具有 200 海里权利"。[①] 中国外交部发言人华春莹 2013 年 4 月 26 日答记者问时,针锋相对地表示,菲方以其对中国岛礁的非法侵占作为提起仲裁的基础,歪曲了中菲争端的基本事实。她说,按照国际法,特别是海洋法中的"陆地统治海洋"的原则,确定领土归属是海洋划界的前提和基础。菲方提出的仲裁事项实质上是两国在南海部分海域的海洋划界问题,这必然涉及相关岛礁主权归属,而领土主权问题不是《联合国海洋法公约》的解释和适用问题。因此,在中菲岛礁争端悬而未决的情况下,菲方提出的仲裁事项不应适用《公约》规定的强制争端解决程序。[②]

目前,中国和其他国家都以历史纪录作为宣示主权的重要筹码。但毋庸讳言,历史文献记载对双方都是薄弱的。早期历史纪录,多讲朝往广阔大海是如何危险的。尽管也有少量纪录早期穿越南海的航线的资料,但都显示,船只紧靠海岸行走。它

---

① 王建华.中国享有免受仲裁权 菲律宾诉讼将落空[EB/OL].(2013-04-23)[2013-04-24] http://news.ifeng.com/mainland/special/nanhailingtuzhengduan/content-3/detail_2013_04/23/24563423_0.shtml.

② 菲律宾推进涉南海争议国际仲裁 中方重申拒绝接受[EB/OL].(2013-04-26)[2013-04-26] http://www.chinanews.com/gn/2013/04-26/4767978.shtml.

们注明了地标、避难所及供商品交易的港口。二战期间，整个南海都被日本侵略军占据。盟军方面的国际文件如《开罗宣言》、《波茨坦公告》以及战后的《旧金山对日和约》、《日台和约》，都规定了日本对侵占之地的"放弃"(《波茨坦公告》第八条就规定："日本之主权必将限于本州、北海道、九州、四国及吾人所决定其他小岛之内")。这些规定总体对中国有利，但菲律宾、越南方面却在狡辩这些文件并未规定日本将南沙岛礁放弃给谁。另外，从国际法院近年关于争议岛屿主权归属的判案实践看，在国际条约或双边条约的规定模糊不清的情况下，国际法院会优先关注"保持占有"与"有效统治"的证据。因此，如果未来要根据国际法解决南海争端问题，对南沙岛屿领土的实际控制与管理才是最为关键的问题。

毫无疑问，中国经营南海的重要战略目标，是取得控制和经营南海的战略要地，以作为战略展开之支撑。华春莹在 2013 年 4 月 26 日记者会上，还首次公开点出了菲律宾 1970 年代以来陆续侵占中国的 8 个岛礁，即马欢岛、费信岛、中业岛、南钥岛、北子岛、西月岛、双黄沙洲和司令礁。她代表中国政府郑重宣布："中方一向坚决反对菲方的非法侵占，郑重重申要求菲方从中国岛礁上撤走一切人员和设施。"①中国政府既然已公开声明要求菲方撤走人员和设施，其若不执行，中国就应该对这 8 个岛礁展开巡航执法。

二、"胜于易胜"：中国南海争端解决的突破口选择

鉴于南海局势的复杂性，有些大国正在实质性介入南海争

---

① 菲律宾推进涉南海争议国际仲裁 中方重申拒绝接受[EB/OL]. (2013-04-26)[2013-04-26] http://www.chinanews.com/gn/2013/04-26/4767978.shtml.

端，部分小国背后还有与超级大国结盟的因素，中国在考虑取得南海战略要地和寻求争端解决途径时，上策绝不是逞一时之勇，直接动用武力。如此作为，既为外部军事力量介入提供口实，也会使中国在南海周边失去朋友。

由于南沙具有战略意义和条件较好的岛礁，现在几乎都被越南与菲律宾占据（南沙群岛中能够称为岛的地方有 11 处，其中越占 4 岛、菲占 6 岛，中国台湾占 1 岛），因此，中国要“经略南沙”，就必须从菲越侵占中国之地找到突破口。

目前，越南在南海周边小国中海空军实力最强。2012 年越海军共有各型舰船 161 艘，包括护卫舰 7 艘、轻型护卫舰 9 艘、海岸巡逻艇 60 艘、布雷艇 10 艘以及两栖冲锋舟 20 艘。从俄罗斯订购的 6 艘先进的基洛 636 型潜艇也快到位（首批两艘将于 2013 年 8 月与 12 月交付）。越南空军则有各型飞机 644 架，其中直升机 218 架。① 尽管越南空军有其弱点（即缺乏空中预警能力），但入列的苏- 27（12 架）、苏- 30（20 多架）毕竟有较强的空战能力（对地、对海攻击能力则不足）。从俄罗斯新引进并已装配海军的猎豹级护卫舰（2 艘）与“毒蜘蛛”Ⅲ级导弹艇（4 艘）则有较强的海上进攻能力。而且，越南对所占岛礁经营已久，不少修有坚固的防御设施。另外，中国与越南同属社会主义国家，在意识形态上一致。因此，中国在与南海周边国家的争端中，如果选择先从越南所占之地下手，未必是最佳选择。因为中国未必能够做到“不战而屈人之兵”，或者稍微次之的“兵不血刃”，而且还有可能把越南主动送入美国的怀抱。

---

①　Vietnam Military Strength［EB/OL］.（2012 - 03 - 30）［2013 - 05 - 05］http：// www. globalfirepower. com/country-military-strength-detail. asp?country_id = Vietnam.

如何选择突破口，评价标准就是孙子所讲的“胜于易胜”。孙子曰：“古之所谓善战者，胜于易胜者也。故善战者之胜也，无智名，无勇功。故其战胜不忒。不忒者，其所措必胜，胜已败者也。”①“胜于易胜”，就是从最薄弱之处，寻求突破，争取用“先胜后战”甚或“不战而胜”之方式，取得并控制战略要地。打仗就像捏柿子，专挑软的捏。由于菲律宾军事力量薄弱，占领中国之岛礁质好量多，且在南海最为嚣张，中国要在菲律宾侵占中国的中业岛、北子岛、南钥岛、西月岛、费信岛、马欢岛、双黄沙洲等地方，打开突破口，并最终建立中国控制和经营南海的战略要地。

菲律宾侵占的这些岛礁，战略位置重要且连成一片，恰恰位于中国控制的永署礁、美济礁等海礁与黄岩岛之间。中国要加紧完成对黄岩岛的控制与部署，从而对菲占岛礁形成战略夹击之势。目前，菲律宾对这些岛礁防守薄弱，中业岛有少量军人、有一定设施，算是实际控制，而其他岛、洲基本上是名义控制（上面最多也就一两间房屋与5～10名人员）。中业岛距离吕宋岛与西沙群岛，均为500海里。菲律宾方面的人员坐船过来，得用一天。由于南海风浪大，台风多。只要大台风一来，菲律宾在中业岛上的人员就得撤离。中国方面只要善于抓住时机，不需任何冲突，就可轻松上岛。或者借故船只失去动力，就近停泊，乘势上岛，进而展开掌控部署。或者，施以“黄岩岛模式”，即在经济和外交施压下，以执法船进入争议海域巡逻、与对方展开意志较量为主，而后再以海军外围游弋相策应，在争议岛屿附近海域展开拉锯战。中国政府既然公开宣布菲律宾非法侵占中国中业岛等8个岛礁，并要求菲方撤离岛上的人员与设施，就应该择机展开巡航执法。可以预见，通过拉锯巡航之模式，不让菲方船只

---

① 引自《孙子·形篇第四》。

和人员靠近争议岛屿，不出数月，岛上的菲方人员因为补给不足就得下来。

当然，中国对这些菲占岛礁的控制与经营，要循序渐进，由易到难。先开发经营北子岛、南钥岛、西月岛等，最后才是中业岛。中国可以邀请菲律宾共同开发（这符合《南海行为宣言》的精神），由于菲律宾财力单薄，根本没有能力参与开发，最后，等于是中方独自开发。中国也可以国际搜救为名，联合菲律宾在这些岛礁上建立南沙海上国际搜救中心，因为根据国际搜救公约规定，整个南海都是中国的搜救责任区，但由于中国在南沙没有飞机起降和船只停靠的基地，中国这一国际义务始终难以有效完成。

三、"因形错胜"：行动步骤

这样，战略目标有了，突破口有了，接下来是具体行动步骤。孙子曰："因形而错（措）胜于众，众不能知；人皆知我所以胜之形，而莫知吾所以制胜之形"。[①] "因形错胜"，就是根据情形变化，采取具体应变制胜之措施。至于采取的具体行动，可能包括"对内"、"对外"两个方面。孙子指出："先为不可胜，以待敌之可胜。不可胜在己，可胜在敌。"[②]"先为不可胜"，即"对内"，就是针对中国在南海争端中自身存在的薄弱环节和不足，主动采取相关措施。"以待敌之可胜"，即"对外"，则是针对敌之弱点（或等待敌人暴露弱点后），采取因敌制胜之措施。

先看"对外"（"以待敌之可胜"），具体来讲，就是针对菲律宾的海权战略困境，中国方面采取"乘虚而入"的措施。包括：①鉴于菲律宾的海空军建设资金严重不足，且严重依赖与中国争议

---

① 引自《孙子·虚实篇第六》。

② 引自《孙子·形篇第四》。

海域的油气开采，中国要大力加强在争议海域的执法检查力度，对国外的非法开采坚决予以取缔。至少要对菲律宾的非法开采形成严重干扰，使其进行不下去或知难而退。可以预见，此对菲律宾的海权战略扩张会有重大抑制作用。②鉴于菲律宾海权战略实施中，存在国内平叛与国土防御的矛盾以及合纵与连横策略选择的矛盾，中国要善于利用这些矛盾，该分化瓦解就分化瓦解，该结交朋友就结交朋友，以促进中国海权利益实现。据最新报道，信奉共产主义的新人民军反叛组织，在落后的菲律宾农村地区对政府军仍是巨大威胁，他们仍能从经受贫困煎熬的当地民众获得支持。① 可以想象，只要菲律宾国内不清静，它就很难拿出足够的力量向外出击。③鉴于菲律宾海权战略实施中，存在借重外国与民族自主的矛盾，中国要进一步深化中菲经济联系，做到既能解决中菲争端，又能斗而不破，维护地区和平发展的大局；与此同时，与美国形成全球战略合作与战略制约关系，使美国对深度卷入中菲南海之争有所忌惮。

再看“对内”（“先为不可胜”），就是针对中国在南海争端中存在的薄弱环节与不足，主动采取“四步走”措施。具体包括：

1. 经济开发先行

中国要加大在争议海域如南沙礼乐滩等地经济开发的力度，坚定地进行油气资源开采与渔业资源开发。在这些争议海域，稳健而又高高地矗立起中国的海上石油钻井平台（在南沙海域中国尚未有 1 口油井），以显示中国经济开发之存在。

2012 年 5 月 9 日，距离香港东南约 320 公里的南海区域

① Rebels kill five in attack on Philippine mine [EB/OL]. (2013-05-04) [2013-05-05] http://www.manilatimes.net/index.php/news/breaking-news/46795-r.

(非争议海域),由中国自主设计建造的首座3 000米深水钻井平台“海洋石油981”号开始首钻。“981”的这一钻使得中国海洋石油勘探开发的能力从300米水深挺进到3 000米深海。目前,南海的绝大部分钻井,都是在浅海大陆架上(水深都不到300米)。由于海上石油开采是一项高投入(打单口深井即在5 000万美元以上)、高技术的行业,出于政治和现实两方面的考虑,菲律宾、越南、马来西亚等国一开始就走上一条拉西方“入伙”的道路。目前西方200多家能源公司在南海海域钻井总量达上千口,年产量超过5 000万吨。据信,南中国海海域70%的油气资源都蕴藏在海面300米以下的深水区域,总部在新加坡的东南亚石油勘探协会会长斯蒂芬·道尔就称,南海油气开采向深海进发已成趋势。① “海洋石油981”的出现,使得中国成为第一个在南海自营勘探开发超深水油气资源的国家,这就使中国拓展南海油气资源开发的范围与力度,大大向前迈出了一步。

2. 行政管理跟进

通过海监、渔政船巡航,加大对争议海域护渔、护采(油气开采)的力度,并确保中国海上石油钻井平台之安全。对外国的非法活动则坚决予以取缔。

要争取于适当时机,公布中国在南海的领海基点、领海基线,从而为南海的海洋执法确立良好开端。不管哪国船只,只要进入中国的管辖海域,就是中国的行政管辖对象。目前,中国已通过北斗系统等技术手段,对南海九段线的地理坐标位置进行了精确测量,要争取择机予以公布。

---

① 西方公司与周边国家狂敛南海油气 打千余井分成[EB/OL].(2012-03-22)[2013-05-04] http://www.chinanews.com/gj/2012/03-22/3765439.shtml.

要全面加强中国的海洋立法与执法工作，形成包括海洋基本法与巡航执法条例在内的完整的海洋法律法规体系，依法明确巡航执法的主体、内容、程序以及监管、惩处措施。2013 年 3 月 10 日《国务院机构改革和职能转变方案》提出，将现国家海洋局与中国海监、公安部边防海警、农业部中国渔政、海关总署海上缉私警察的队伍和职责整合，重新组建国家海洋局，并以中国海警局名义开展海上维权执法。这是向结束"九龙治海"的分散格局，统一海上执法，提高执法效能，迈出的重要一步。2012 年 11 月 27 日，中国海南省人大常委会通过新修订的《海南省沿海边防治安管理条例》，准许执法人员对"非法进入海南省管辖海域"的外国船只采取登临、检查、扣押、驱逐、令其停航、改航、返航等措施。这一规定于 2013 年 1 月正式实施。① 中国不仅要加强对西沙、中沙的执法力度，更要从严加强对南沙的巡航执法。

由于南海海域辽阔，风浪较大，中国需要增加一些吨位更大的执法手段(增配排水量 3 000 吨的中型巡逻船与 5 000 吨的大型巡逻船)和进一步配强专业执法力量。不管哪国船只、人员，如果违反中国法律规定，就要制止，如果不听制止，就要缉捕。要有法必依，执法必严，切实维护中国法律尊严。

3. (国际)公共服务平台搭建

积极履行有关国际义务，在南沙建立国际海上搜救和气象服务平台。

根据国际搜救公约规定，整个南海都是中国的搜救责任区，

---

① 中国检查南中国海外国船[EB/OL]. (2012 - 12 - 04) [2013 - 05 - 04] http://www.zaobao.com/special/china/southchinasea/pages/southchinasea121204.shtml.

中国接受委托负责整个南海的搜救工作。2003 年 6 月至 2010 年 6 月，中国海上救助队伍在南海海区累计成功救助遇险人员 8 605 人、船舶 465 艘，获救财产价值达 135.6 亿元。由于南海面积达 300 多万平方公里，岛屿多，海上救助值班任务繁重，受台风、季风影响强烈，时常会发生跨国、跨地区的群体性遇险事件。① 尤其是在茫茫南沙，中国没有码头、没有机场，搜救飞机、救援船舶无处起降、停靠。过往船只在南沙一旦有事，中国很难及时探明它的确切位置并展开营救。如果从海南岛或西沙赶过去，很可能就来不及了。目前，南海周边国家和地区尚未与中国建立国际搜救协调机制，一旦遭遇大规模的海上群体遇险事件，都是中国的救援力量“单打独斗”。因此，为有效履行国际搜救责任，中国要在南沙积极寻找适宜之地，以国际救助为名，建立南沙国际海上搜救中心（要建机场与码头），这肯定是惠及周边、造福整个南海的好事。

另外，过往南沙的船只，还需要可靠的气象服务。早在 20 世纪 80 年代，联合国教科文组织就要求中国在南海设一个气象预报和海洋观测点，向过往的船只和国家及时通报气象预报和海洋观测情况，以提高航行安全度。1988 年中国据此予以实施，越南前来干扰，结果引发“3·14 海战”。中国要继续根据联合国的要求，在南海广建海洋与气象观测点及集成服务总基地，有效拓展海洋预报和气象预报的覆盖面，提高预报精确度，为过往船只和附近国家提供免费、优质服务。

4. *海军力量常态化巡航*

在南海争端博弈中，中国的海监船要冲在第一线，而海军应

---

① 王攀.中国南海救助成效显著　呼吁建立国际海上搜救协调机制[EB/OL].（2010－06－23）[2013－05－16] http://news.xinhuanet.com/2010－06/23/c_12253177.htm.

走在第二线，作为最终坚强后盾。逐步从单纯海监船队执法升级为军民混合执法，由海上平面执法发展到海空立体执法。中国海军在大战略上，还要认认真真做好在南海打一场高强度的局部战争的准备，切实做到有备无患。

总而言之，只要中国在南海做到海权战略目标清晰，突破口选择恰当，再加上行动上稳扎稳打、步步为营，保证在争议区域，有中国法律之存在、钻井平台之存在、经济开发之存在、行政管理之存在、海军常态力量之存在，我们就可积小胜成大胜，最终经营好整个南海。

第七章　印度蓝水海军建设及其对印、中、美海上关系的影响

何松奇

作为崛起中的印度，其一举一动都受到包括中国、美国在内的国家高度关注。象征国家地位、并维护国家地位的印度海军，也自然是国际社会关注印度的重点对象。有关 21 世纪印度海军方面的文献非常丰富。就国外研究而言，主要集中于印度海军战略与海军武器发展两个方面。国外(含印度)对印度海军战略的研究包括探讨其海军海洋学说、海军战略，尤其是海军核战略。2009 年詹姆斯 • R • 霍姆斯(James R. Holmes)等三位学者出版了《21 世纪的印度海军战略》，①是有关印度海军战略研究领域的权威著作。该书全方位论述了印度海军战略，包括印度海洋认同的逻辑、印度海军海洋学说与战略、印度常规海军能力、印度海上核战略与能力，等等。国外研究也关注印度海军发

---

① James R. Holmes, et al. *Indian Navel Strategy in the Twenty-first Century* [M]. London & New York: Routledge, 2009. 作者非常感谢在德国汉堡大学的留学生范昀赫从德国为作者提供了该书的扫描本。

展与中国海军、美国海军"军备竞赛"，以及对地区和全球安全影响。国内研究印度海军的文献也非常丰富。就武器系统(含航母战略、核潜艇战略)而言，研究成果主要发表在一些军事杂志和军事报刊上。关于印度海军战略的学术论文主要研究印度的印度洋战略、印度海洋安全战略、海军战略(演变)，以及印度上述战略对中印关系的影响，以及中国的对策研究。[①] 尤其值得一提的是，台湾地区的李春益详细论述了印度海军在不同时期的军事战略与目标、作战理论。[②] 有鉴于此，本文的研究主要集中于印度蓝水海军，阐明印度发展蓝水海军的地缘政治因素、蓝水海军的四种角色，以及其战略哲学，最后论述其蓝水海军对中印美三国在印度洋上的海军关系的影响。

第一节　地缘政治视角下的印度洋地区

随着势不可挡的全球化推动，国际格局的大变化，印度洋地区成为全球关注的焦点之一。海权理论奠基人马汉曾经预言："谁掌握了印度洋，谁就控制了亚洲。……二十一世纪将在印度洋上决定世界的命运。"[③]为什么说这么说呢？答案就在于其自

---

① 胡娟，"印度的印度洋战略及其对中国的影响"，《东南亚南亚研究》2012年第2期；宋德星、白俊，"新时期印度海洋安全战略探析"，《世界经济与政治论坛》，2011年第4期；张威，"印度海洋战略析论"，《东南亚南亚研究》，2009年第4期；胡庆亮，"印度海洋战略及其对中国能源安全的影响"，《南亚研究季刊》，2008年第1期；张晓林、屈玉涛，"从近海防御到远海延伸——印度海军战略的演进"，《领导文萃》，2008年第8期；王新龙，"印度海洋战略及对中印关系的影响"，《南亚研究季刊》，2004年第1期。

② 李春益. 印度海军战略发展对亚太安全的影响[C/OL]. http://ishare.iask.sina.com.cn/download/explain.php?fileid=15502320.

③ 转引自 A.J.科特雷尔、R.M.伯勒尔编:《印度洋:在政治、经济、军事上的重要性》，上海:上海人民出版社，1976年，第108页。

身的地缘政治。

印度洋地区，是一条动荡之弧，传统安全与非传统安全威胁交织一起。首先，印度洋沿海国家之间充满历史恩怨，冲突与战争似乎“绵绵无绝期”。在可预见的将来，以色列与阿拉伯国家的冲突没有尽头。在视对方为主要安全威胁的前提下，印巴就克什米尔问题的争端依然僵持着。其次，印度洋地区国家存在分裂势力和反政府武装力量。这些国家包括泰国、印尼、缅甸等国。再次，种族与民族矛盾、宗教与文化冲突，资源争夺与地缘冲突撕裂印度洋地区的国家。苏丹最具有典型性。这就是印度洋地区的“巴尔干化”。因此，印度洋地区的武装冲突占世界的50%多。① 2009 年、2010 年和 2011 年世界上“最不安全的国家”大多坐落于印度洋地区。②

印度洋地区有些国家治理能力低下，加剧安全威胁程度。除了澳大利亚、沙特、新加坡等富裕国家，印度洋地区国家多数是发展中国家，而且贫穷、不稳定的国家较多，如索马里、也门、苏丹和厄立特里亚就是这样的国家。2008 年“失败国家指数”列出的前 50 个国家，印度洋就有 20 个国家，占总数的 40%，位列该指数的四分位数(quartile)的顶端。③ 这些国家治理能力不

---

① Sergei DeSilva-Ranasinghe. Why The Indian Ocean Matters? [J/OL]. Diplomat, 2011, 3. http://thediplomat.com/2011/03/02/why-the-indian-ocean-matters/.

② 参见 SIPRI 的《全球安全指数》2009、2010 和 2011 年。Appendix 2B. The Global Peace Index 2009 [EB/OL]. http://www.sipri.org/yearbook/2009/files/SIPRIYB0902B.pdf Appendix 2B. The Global Peace Index 2010 [EB/OL]. http://www.sipri.org/yearbook/2010/files/SIPRIYB201002B.pdf Appendix 2B. The Global Peace Index 2011 [EB/OL]. http://www.sipri.org/yearbook/2011/02/02B.

③ 参见 Research agendas for the Indian Ocean Region [J]. Journal of the Indian Ocean Region, 2010, 6(1): 6-8。

足，政局动荡不安，导致国家落后，反过来进一步弱化了国家的治理能力，治理能力与经济发展之间形成恶性循环，导致这些国家处于“失败国家”边缘或者已经是“失败国家”。这些国家将在接下来的几十年内影响地区、全球安全。

与此同时，印度洋地区人口增长率超越了经济发展水平，增大了安全威胁。印度洋地区人口约占世界三分之一，是世界上人口高增长率地区之一。为养活众多人口，连富裕的国家也面临巨大挑战，如也门和巴林将在未来 10～15 年耗尽其石油储备，①那些资源本来不丰富的国家雪上加霜。除了产生消极的社会影响和导致食物供应、饮水供应紧张外，这种情况也产生深远的政治后果，因为政府不能为年轻人解决就业问题确保他们的生活水平，他们质疑政府的合法性。

经济落后、治理失败以及人口激增，为极端宗教主义、恐怖主义提供了沃土。世界上最大的恐怖主义组织“基地”、虔诚军和拉什卡-塔伊巴组织（Lashkar-e-Taiba）、伊斯兰圣战者组织（Jemaah Islamiyah）出现在印度洋地区不足为奇。恐怖主义扩大趋势很明显，因为极端宗教主义对失业、半失业的年轻人具有很大的吸引力。孟加拉、马尔代夫甚至斯里兰卡在接下来 10 年里面临这个问题。② 这就是印度洋地区的“塔利班化”。

印度洋是世界上最重要的海上通道，印度洋也是世界上最重要的能源通道。因此确保印度洋海上安全运输对于世界的繁

---

① Future Directions International (FDI). Indian Ocean: A Sea of Uncertainty [EB/OL]. http://www.futuredirections.org.au/files/IndianOceanASeaofUncertainty%20.pdf, 2012(02): 15.

② Future Directions International (FDI). Indian Ocean: A Sea of Uncertainty [EB/OL]. http://www.futuredirections.org.au/files/IndianOceanASeaofUncertainty%20.pdf, 2012(02): 15.

荣至关重要。石油进口安全对于中国、日本、欧洲、美国的作用从这些国家、地区从中东进口的石油可以窥见一斑：日本从中东进口 80%的石油、中国 39%、欧洲 21%和美国 16%。[①] 每年大约 7 万艘船舶往返于印度洋，货物总价值高达 2 万亿美元。[②] 以上这些数据显示，印度洋对于全球贸易与石油运输的重要性不言而喻。而印度洋可否自由航行取决于 9 个咽喉通道(choke points)的安全：霍尔木兹海峡、苏伊士运河、曼德海峡(Strait of Bab-el-Mandeb)、马六甲海峡、巽他海峡(Strait of Sunda)、龙目海峡(Lombok Strait)、六度海峡、九度海峡和好望角。一旦这些海峡中的任何一个被封锁或被施加了其他限制，将会产生严重的经济与政治后果。而且其中的三个海峡：霍尔木兹海峡、马六甲海峡、曼德海峡尤其重要，例如 2006 年，世界石油运输的 80%是通过上述三个咽喉要道，霍尔木兹海峡占 40%，马六甲海峡占 35%，曼德海峡 8%。[③] 印度洋上具有战略意义的海峡具有不可替代性作用，成为重要地缘政治棋手争夺的战略目标。同时海盗肆虐于印度洋地区，为区域外大国介入该地区提供了推手。全球供应链的原动力是“能源”，而“航运、港口安全和咽喉要道是其关键因素。在这三点中，印度洋地区大量存在。”[④] 因此，印度洋区域内外大国都觊觎印度洋航道，力图掌控在自己手中。

---

① 参见 Research agendas for the Indian Ocean Region [J]. Journal of the Indian Ocean Region，2010，6(1)：6－8。

② R. S. Vasan. India's Maritime Core Interests [J]. Strategic Analysis，2012，36(3)：418.

③ 参见 Research agendas for the Indian Ocean Region [J]. Journal of the Indian Ocean Region，2010，6(1)：6－8。

④ Lee Cordner. Rethinking maritime security in the Indian Ocean Region [J]. Journal of the Indian Ocean Region，2010，6(1)：69.

最后，印度洋地区是自然灾害频繁发生之地。印度洋地区被称为“世界灾难带”(World's Hazard Belt)，特别易受洪水、干旱、气旋、地震、海潮、滑坡、海啸等的影响。根据亚洲及太平洋经济社会委员会(ESCAP)1995年的一个报告，印度洋地区发生的自然灾害大约占全球的50%，[①]甚至最近有报道说，印度洋地区所遭受的自然灾害占到世界的70%。[②] 这些灾难多数是气候性灾难和地震灾难，类型包括：①与天气和水文相关的灾难；②地质或构造灾害；③来自于全球变暖相关的自然灾害；④海啸。

从上述事实可以看出，印度洋地区交织着传统与非传统安全，是全球关注的重要的焦点之一。由是，区域外大国纷纷涉足地区事务。印度洋地区的大国博弈更加激烈。

第二节　印度洋地区中的印度

作为世界上唯一以国名来命名大洋，而且几乎囊括整个南亚次大陆的国家，印度在印度洋地区拥有自身的优势，同时也受其负面影响的拖累。这一点就在于这样一个事实：印度拥有7 500多公里的海岸线(含联邦属地的海岸线)，200万平方公里的经济专属区。

首先，印度依赖印度洋进行海外贸易。尽管其对外贸易

---

① Mohammad Abdur Robl. Natural Disasters in Indian Ocean Region and its Impact on Socio-Economy of the Countries [EB/OL]. http://ions.gov.in/sites/default/files/Papers%20presented%20during%20seminar%206.pdf.

② Prokhor Tebin, et al. High sea: Indian Elephant versus Chinese Dragon, March 21, 2012 [EB/OL]. http://indrus.in/articles/2012/03/21/high_sea_indian_elephant_versus_chinese_dragon_15211.html.

还不到世界贸易的1%,但其对外贸易占整个国家GDP的20%,而对外贸易总量的97%是通过海洋运输。尽管印度拥有世界上第五大商船队(约有756艘商船,总吨位860万吨),但是国内商船只承担对外贸易的16%,其他的来自外国船只。① 因此确保商船队的运输安全对于印度发展经济来说具有重要意义。

其次,印度洋的国际海上运输对于维持印度经济与贸易的快速增长也是至关重要。印度洋是世界上最大的货运中心,每年大约10万艘船只通过印度洋。印度洋承载着世界上三分之二的石油运输,世界上三分之一的散装货物运输,世界上近一半的集装箱运输。② 印度监视的7万艘船舶所携带的货物价值高达2万亿美元。③

能源安全关乎印度经济的发展,关乎印度国际地位。印度是世界上第4大能源消费国,仅次于美国、中国和俄罗斯,已经成为净能源进口国,大约70%的能源来自海外。根据美国能源信息局的统计,2012年印度进口石油总量的78%都来自于印度洋地区,④而且来自西半球的石油(占18%)估计全部也是通过海运。根据位于新德里的能源与资源研究所(Energy and Resources Institute)统计,到2031年,印度要进口78%的煤炭、67%的天

---

① Lee Cordner. Rethinking maritime security in the Indian Ocean Region [J]. Journal of the Indian Ocean Region, 2010, 6(01): 69.

② Integrated Headquarters Ministry of Defence (Navy). Freedom to Use the Seas: India's Maritime Military Strategy [EB/OL]. http://zh.scribd.com/doc/31917366/India-s-Maritime-Military-Strategy, 2007(05): 44.

③ R. S. Vasan. India's Maritime Core Interests [J]. Strategic Analysis, 2012, 36(03): 418.

④ US Energy Information Administration. India [EB/OL]. [2013-03-18] http://www.eia.gov/countries/analysisbriefs/India/india.pdf.

然气和93%的石油才能满足其需要。① 因此，确保海上能源安全（通道安全、离岸资产安全）是印度经济发展的动力，只有经济发展了，印度的国际地位才能巩固与提升。

然而正如前述，印度洋地区各种威胁与不稳定因素，给印度的海上对外贸易、能源安全造成巨大威胁与挑战。从阿拉伯海到孟加拉湾，区域内外行为体介入的力度在持续增加（包括强化海军存在），导弹与大规模杀伤性武器扩散，宗教极端主义和恐怖主义均对印度洋海上安全构成严重威胁。这些对整个印度洋地区的安全形势产生深远影响。

印度关注印度洋不仅仅出于上述经济考虑，更是出于国家安全考虑。基于历史的教训，印度长期以来一直重视陆权，没有重视印度洋以及印度洋运输的重要性，忽视海洋发展以及海上力量的建设，并最终导致国家被列强侵略和殖民。“征服与统治印度的征服者不是来自山脉隘口，而是来自贯穿我们海岸的海洋”，“这个事实永远深置我们记忆中”，并“影响我们当前及未来对于海权的态度”。② 实际上，正是在被西方殖民、侵略的过程中，印度才有现在的“领海”意识，并用西方的海权意识与海洋霸权意识，思考本国的海权。因此，印度海权之父潘尼迦也曾指出：“印度来日的伟大，在于海洋。”因为“印度洋，对于别的国家说来，不过是许多重要海区之一，但对印度说来，却是唯一最重要的海区。印度的生命线集中在这里，它的未来有赖于保持这

① Sergei DeSilva-Ranasinghe. Potent and Capable：India's Transformational 21st Century Navy [EB/OL]. http：// www. futuredirections. org. au/files/sap/may/Potent_and_Capable_-_Indias_Transformational_21st_Century_Navy. pdf.

② Arun Prakash. A Vision of India's Maritime Power in the 21st Century [J]. Air Power Journal，2006，3(1)：7.

个海区的自由。……主宰着印度国防全盘战略的，是海洋。”①

也就是说，印度的主要安全威胁不是来自陆地，而是海洋。一旦解决了海上安全问题，印度安全可以确保无虞。同时，基于印度洋在国际海运线的重要性，印度一旦控制了这些航线，便掌握了世界命运。因此，马汉的预言也许不无道理。实际上，在印度基本上解决了陆地安全之后，印度开始谋划海洋大国地位，力图使印度洋变成“印度之洋”，从冷战时期开始大力发展海军，购买航母和潜艇，以及大型水面战舰。冷战结束后，印度宣称从阿拉伯海到南海，都是印度的利益范围，海军提出“东进、西出、南下”战略，即向东把活动范围与影响延伸到南中国海，乃至西太平洋，向西穿过红海与苏伊士运河，影响扩大到地中海，向南扩展到印度洋最南端，甚至绕过好望角到达大西洋。为实现该战略目标，印度加紧建设蓝水海军。蓝水海军建设的指导文件是2004年颁布《海洋学说》，2009年对此进行修正并重新颁布的新《海洋学说》，以及2007年颁布的《海军军事战略》。随着国力的增强，印度蓝水海军建设步伐在加快。

第三节　印度蓝水海军角色定位

基于印度洋地区的地缘政治与经缘政治，以及印度所处的地理位置，在上述的三个文件中，印度政府和军方赋予印度海军四种角色：军事角色（military role）、外交角色（diplomatic role）、治安角色（constabulary role）和仁爱角色（benign role）。这四个角色在1998年的印度首份海军战略评估有说明，只不过

① K.M.潘尼迦.印度和印度洋：略论海权对印度历史的影响[M].北京：世界知识出版社，1965：82，96.

用的是不同词汇。当时海军战略就提出了:海基威慑(sea-based deterrence)、经济与能源安全(economic and energy security)、前沿存在(forward presence)和海军外交(naval diplomacy)。当然,1998年的海军战略评估首先提出的海军外交,在后来的3个文件中分为两个单独的角色,即仁爱角色和外交角色。① 军事角色就是立足于打仗,控制海洋;外交角色,就是利用海军作为政治和外交政策的有效工具,实现印度的政治与外交目标,增进印度国家利益;治安角色,就是通过进行诸如打击海盗等低烈度的活动,维护正常的海上运输;仁爱角色,就是实施人道主义援助和灾难救援,为印度树立良好形象。印度海军承担四种角色就是为印度创造良好的安全环境与发展环境。

海军军事角色包括战时与平时两种角色,总体上就是实施战略威慑,包括核威慑与常规威慑。海军要拥有足够的实力,威慑印度洋沿岸任何一个国家对印度施加的海上军事挑战,同时慑止印度洋地区外敌对大国怀有敌视意图。在战时就是争夺海上控制权,赢得制海权,提供第二次核打击能力,在沿海地区展开军事行动,包括登陆行动、与陆军和空军配合作战,等等。在平时,就是提供常规与核威慑。2009年的《海军海洋学说》明确赋予了海军军事角色:其目标就是威慑战争与入侵;战时赢得决定性军事胜利;维护印度领土完整,保障公民与离岸资产免受海上威胁;对陆地事务发挥影响;保护印度商船与海上贸易安全;保护印度国家利益与海上安全。为实现这个目标,印度海军承担的使命(mission)则包括第二次核打击、海上控制(sea control)、海上拒阻

① Rahul Roy-Chaudhury. India's Maritime Security [M]. New Delhi: Knowledge World, 2000: 125 - 126. 转引自 Iskander Rehman. Chapter 4: India's Aspirational Naval Doctrine [M/OL]. http://carnegieendowment.org/files/Indias_Aspirational_Naval_Doctrine.pdf.

(sea denial)、海洋封锁、军力投送、远征作战、强迫(compellance)、摧毁、海上交通线的阻断与保护、特种作战、离岸资产的保护、海上前沿防御,等等;海军的任务则是,监视、海上打击、反潜和反舰作战、防空作战、两栖作战、信息作战、电子战、特种作战、水雷战、港口保护,等等。① 当然,还包括执行在联合国主导下(或者国际社会联合一道参与的)维和行动,含执行和平行动。②

海军的外交角色就是利用舰炮,以较少的暴力方式支持外交政策。在和平时期,印度需要投送军力,并显示军力存在;与外国结成伙伴关系;通过与外国海军联合行动及国际海上援助,与外军建立信任及创造协同性。可供选择的范围从单边的武装行动,到双边或多边防御合作。在西方传统概念中,“实力投送”是指两栖行动和其他舰对岸行动,而在印度军事战略中,等同于对外存在与旗帜显示(flag showing)。③ 通过海上联合演习,与外国结成伙伴关系,并实现相互信任,并在各国海军之间创造协同。最近,印度与多国进行了多次联合演习,如 2011 年 9 月同斯里兰卡举行了联合演习,旨在加强两国的协同作战。2012 年 2 月,印度与印度洋地区的 14 国举行联合演习,旨在提升发生自然灾难(如海啸)时各方之间的协同能力。2012 年 6 月,印度与日本进行联合演习,旨在增进两国互信合作,促进地区稳定。印度与美国海军的联合演习也逐渐频繁。印度海军与许多印度

---

① 参见 Indian Maritime Doctrine,2009,第 92 页。转引自 Iskander Rehman, Chapter 4: Indias Aspirational Naval Doctrine, 第 59 页。

② Prokhor Tebin, et al. High sea: Indian Elephant versus Chinese Dragon [EB/OL]. (2012-03-21) http://indrus.in/articles/2012/03/21/high_sea_indian_elephant_versus_chinese_dragon_15211.html.

③ Prokhor Tebin, et al. High sea: Indian Elephant versus Chinese Dragon, [EB/OL]. (2012-03-21) http://indrus.in/articles/2012/03/21/high_sea_indian_elephant_versus_chinese_dragon_15211.html.

洋国家海军签署协议，进行海军合作，如2003年与莫桑比克签署进行海上防务合作协议；2008年和阿曼签署了海上安全合作的防务合作协议；与卡塔尔签署防务合作协议，使联合训练、演习正常化，等等。

海军外交角色的作用就是促进海上合作（含战略防御合作、防御工业与技术合作、海军对海军的合作）。这主要根据政治指导来进行。在政治层面上，政治指导作为战略工具，意味着追求更加广泛的合作意愿，承诺克服与应对在合作中产生的困难。这种海上合作压倒一切的推动力就是确保紧邻海上安全环境。另外一个重要的推动力就是对紧邻施加影响，并维持这种影响力，改变紧邻对印度利益的敌意。第三，塑造可能的战场空间（battle-space），也就是在可能的战场空间，如阿拉伯海和孟加拉湾，塑造有利于印度海军的环境。这需要通过海上合作，积极接触环战场空间的国家，尤其是那些控制进出印度洋的那些国家。第四，确保印度洋及其以远的印度海上贸易的安全（含确保能源安全）。① 2007年7月在马达加斯加北部建立了监听和监视设施，监视非洲东海岸的船只。然而，最有效的、成功的海军外交展示在2009年年末，马尔代夫把其外部安全的责任交给了印度海军，让其巡逻其水域，让印度部署人员管理26个海岸雷达，重新运转飞机场，进行空中监视活动。

海军的治安角色完全符合传统的所谓的“海上良好秩序”，包括宣示主权以及保护世界海洋资源，培育自由公开的海上贸易，应对非军事威胁，确保海上经济、政治与法律稳定。治安角

① Integrated Headquarters Ministry of Defence (Navy). Freedom to Use the Seas: India's Maritime Military Strategy [EB/OL]. (2007-05) http: // zh. scribd. com/doc/31917366/India-s-Maritime-Military-Strategy.

色包括两个方面，即低烈度的海上行动（LIMO），与维持海上良好秩序。前者是利用海军军事力量打击针对国家资助和非国家行为体破坏国家利益的行动，主要针对恐怖分子与核扩散。维护海上良好秩序，包括反恐主义行动、反毒品交易和反海盗行动。① 印度海军也要独立进行低烈度海上行动，打击海盗与恐怖分子，同时，与海岸卫队进行联合行动打击走私、毒品贸易、非法移民，以及保护经济专属区、世界大洋的矿物与生物资源，以及预防污染。从 2008 年年末到 2011 年 12 月，印度部署了 26 艘军舰，为 1 779 艘船只进行了护航，挫败了海盗 39 次进攻。②

仁爱角色，就是印度海军所执行的"软实力"的所有方面。不像"硬"军事角色，仁爱角色旨在提升印度良好形象，促进有利于印度的国际环境，以及促进印度文化与政治价值的传播。印度海军软实力包括对较小海军实力国家进行援助，帮助他们发展海军和海岸卫队、实施人道主义援助与灾难救助，以及帮助他们学习世界海洋。③ 在实施人道主义救援方面，2004 年印度洋大海啸时，印度出动 27 艘军舰、5 000 军人开展援助。同样，2006 年到 2011 年，海军部署了相当数量的军队进行人道主义与自然火难援救。④ 印度还直接赠送飞机、军舰给有关国家，例

① Integrated Headquarters Ministry of Defence (Navy). Freedom to Use the Seas: India's Maritime Military Strategy [EB/OL]. (2007-05) http: // zh. scribd. com/doc/31917366/India-s-Maritime-Military-Strategy.

② Sergei DeSilva-Ranasinghe. Potent and Capable: India's Transformational 21st Century Navy, p. 3.

③ 参见 Integrated Headquarters Ministry of Defence (Navy), Freedom to Use the Seas: India's Maritime Military Strategy, 2007 年 5 月，第 94-97 页。

④ Sergei DeSilva-Ranasinghe. Potent and Capable: India's Transformational 21st Century Navy, p. 3.

如2001年,印度赠送毛里求斯赠送1艘拦截巡逻艇,2004年赠送1架海上巡逻飞机。2011年4月,印度赠送毛里求斯海岸监视雷达系统,并赠送250万欧元用于加强海岸监视能力。① 2005年赠送塞舌尔1艘海军巡逻艇、1架海上侦察飞机和2架直升机。印度海军还应有些国家的要求,为其巡逻海岸与经济专属区,如印度海军还应毛里求斯的要求,间歇性地为其巡逻经济专属区。

印度蓝水海军四种角色互为表里,展示印度海军"硬实力"与"软实力",试图形成"巧实力",为印度控制印度洋创造良好的战略环境,进而促进印度经济安全和国家安全利益。

第四节　蓝水海军战略哲学:海洋控制与海洋拒阻

鉴于印度洋地区的地缘政治,以及印度在印度洋的地缘位置、战略态势,同时基于本国战略利益诉求和本国海军实力的增强,印度提出了21世纪海洋战略哲学,即海洋控制与海洋拒止。②

根据西方的界定,海洋控制被界定为一种状态,即在一段时间内,为了自身目的,一国采取行动,自由地使用海洋区域,如果有必要,拒绝对手使用海洋。这个概念包括水域本身、该水域的天空与太空、海底与电磁频谱,也可能包括对太空资产(如导航卫星)和侦察设备的控制。海洋拒止(阻)也是一种状态,即在一段时间内,出于自身目的,一国不给与对手使用海洋区域的能

① Yogesh V. Athawale. Maritime Developments in the South Western Indian Ocean and the Potential for India's Engagement with the Region [J]. Strategic Analysis, 2012, 36(03): 429.

② Arun Prakash. A Vision of India's Maritime Power in the 21st Century [J]. Air Power Journal, 2006, 03(01): 7.

力。海洋拒止可以以多种方式出现，从维持对敌军的封锁，到打击对手的贸易或运输线。一国可以同时在一个海域实施海上控制，而在另一海域实施海洋拒阻。①

根据战略定位与自身的实力，印度提出了对不同海域实施不同程度的控制。具体来说就是①绝对控制区域（Zone of positive control）——海岸向外延伸500公里内的海域；②中等控制区（Zone of medium control）——500～1000公里范围内的海域；③软控制区（Zone of soft control）——距离海岸1000公里以远的印度洋。

就绝对控制区而言，印度最关心的就是保护领海、200海里的专属经济区，以及各种离岸经济、军事设施与资产。为了确保该海域的国家安全利益与经济利益，印度必须能对500公里范围的海域实施完全控制，包括拥有能控制该范围内水下、水面、空中，甚至包括太空的能力。

在中等控制区，主要是海域拒阻，也就是在距离海岸500～1000公里的海洋上进行有效的防御行动。为保护500公里范围内的国家利益，印度就不能让敌国海军力量接近绝对控制区，拒敌于绝对控制区外。同敌海军交战的海域应该距离海岸500～1000公里范围。这需要海军具备制海、监视和反潜能力，②航母战斗群可以发挥关键性作用。

距离海岸1000公里的印度洋海域则是软控制区。而且只有等上述两个作战区域的能力建成之后，才能考虑软控制区。正如前述，鉴于印度洋地区的地缘政治是区域外大国高度关注

① General Maritime Strategic Concepts［EB/OL］. http://www.navy.mil.za/SANGP100/SANGP100_CH03.pdf.

② 李春益.印度海军战略发展对亚太安全的影响［C/OL］. http://ishare.iask.sina.com.cn/download/explain.php?fileid=15502320.

的地方,大国不断向印度洋地区渗透,印度对此高度关切:这毕竟是国家安全隐患,惨痛的历史教训不能忘记。为此,印度在该区域要有自我防卫能力,同时要有远程侦察能力与预警能力,也要有相当的兵力投送能力,以便保护印度商船和其他海上利益,如海上采油资产与设备。

要确保这一战略哲学的实施,海军在战略任务上主张海洋控制与海洋威慑双管齐下。一是要对印度洋周边国家拥有绝对的军事(包括海军)优势,阻止它们向印度洋进行扩展,威胁印度国家安全利益和经济利益。二是要对区域外大国实施威慑战略,力争海上力量的均势,限制这些海军大国在印度洋上的行动。就印度现有的海军实力与整体国力而言,海洋控制主要针对印度洋沿岸国家。现在除了沿岸的巴基斯坦海军(拥有海洋拒阻能力,没有海洋控制能力)可以在阿拉伯海上对其施加一定程度的挑战与威胁外,印度海军拥有控制海洋能力。而印度的海洋拒阻则主要针对区域外海上强国的渗透与干涉。在没有能力控制海洋情况下,采取威慑方式抗衡这些海上强国,如有可能最好能遏止它们。虽然印度海军也意识到当然不能战胜诸如美国海军这样的对手,但是可以让它们付出干涉的代价。

为实现威慑区域外海上强国,印度特别强调要确保拥有第二次核打击能力。1999 年印度在名为《核三位一体》(*Nuclear Triad*)的文件中首次提出,印度必须拥有装备携带核武器的巡航导弹和弹道导弹的核潜艇。文件强调,得出这种结论的依据是,与空基、陆基运载工具相比,携带核武器的潜艇具有一系列优势,更不容易被敌人发现和消灭。2003 年印度公布核战略学说,强调组建海基核力量的必要性,2004 年印度《海洋学说》明确指出,从核武器部署效能和能力及其作战使用的角度来看,海军是最合适的军种,而装备核战斗部的导弹的最佳运载工具是潜艇。“为了完成战略遏制任务，对于国家来说非常重要的是拥有能够携带装有核战斗部的导弹的核潜艇”。2009 年新版《海洋学说》再次强调海军拥有核武器运载工具、特别是潜艇的重要性。① 2007 年公布的《海军军事战略》同样高度强调海基核力量的重要性，认为核潜艇选择方案是较小核力量国家的优先武库发展方向②。对于印度来说，组建海基核力量，才能完备其三位一体的核力量，更重要的是海基核力量是第二次核打击能力的保障，只有这样才能取得真正的战略威慑效果。

另外，威慑区域外海上强国，也需要有强大的常规威慑能力，毕竟核武器使用有很大的限制性，同时印度的“不首先使用核武器”的核政策限制了印度首先扣动核扳机。因此，印度也高度强调远距离的兵力投送能力建设，组建一支真正的蓝水海军，以便随时应对区域内可能发生的军事冲突，并阻止区域外海上强国势力的渗透与入侵，达到远洋歼敌的目标。

第五节　蓝水海军建设举措

无论海军承担上述的哪种角色，还是落实海洋控制和海洋拒阻战略哲学，没有强大的海军实力做坚强后盾，一切都是空中楼阁。因此，为实现蓝水海军梦想，实现远洋歼敌的战略目标，印度现在花大气力建设海军，毕竟目前的海军实力不足以实现

---

① 以上内容参见知远，俄专家点评印度“歼敌者”级战略核潜艇[EB/OL].（2012-06-11）http://mil.sohu.com/20120611/n345303289.shtml.

② Integrated Headquarters Ministry of Defence（Navy）. Freedom to Use the Seas：India's Maritime Military Strategy [EB/OL].（2007-05）http://zh.scribd.com/doc/31917366/India-s-Maritime-Military-Strategy.

其目标，尽管目前印度海军实力号称世界第五。

目前，海军总兵力 58 000 人，其中军官 8 000 人。[①] 印度水面舰船一共 120 艘，潜艇 16 艘，海军飞机、直升机、无人机编为 13 个中队。[②] 水面舰船，包括 1 艘航母、8 艘驱逐舰、15 艘护卫舰、24 艘轻型护卫舰、16 艘两栖战舰、7 艘巡逻艇、7 艘扫雷艇、7 艘辅助舰船、21 艘小型战斗舰、9 艘调查船、4 艘训练舰和 1 艘研究舰船。16 艘潜艇，包括 10 艘“基洛”(Kilo)级潜艇、4 艘 1500 型潜艇，1 艘“阿库拉”(Akula)级核潜艇和 1 艘“歼敌者”(Arihant)核潜艇。其中“阿库拉”级潜艇，印度取名“查克拉”(Chakra)级，租自俄罗斯，“歼敌者”是印度自制的战略核潜艇，还没有完全服役。10 艘“基洛”级潜艇来自苏联，1500 型潜艇来自德国，是传统的柴电潜艇。以上这些兵力由位于德里的海军参谋部指挥。海军参谋长为海军最高军事首脑。印度海军下设西部、东部、南部和远东四个地区海军司令部，为海军的区域性指挥机构，其中西部海军司令部设在孟买，东部海军司令部设在维沙卡帕特南，南部海军司令部设在科钦，远东海军司令部设在安达曼群岛的布莱尔港。分别管辖阿拉伯海、孟加拉湾、北印度洋和安达曼—尼科巴群岛周围等 4 个区域，负责辖区内海军部

---

① Sergei DeSilva-Ranasinghe. Potent and Capable: India's Transformational 21st Century Navy [J]. Strategic Analysis Paper, 2012 - 05 - 03.

② 有关数据参见印度海军网站（http://indiannavy.nic.in）中 Platform 下面的三个分项：Surface Ships，Aviation 和 Sub - surface，只是航空兵力没有列出具体数目。根据 2011 年 12 月披露的数字，说印度海军航空兵一共拥有 216 架飞机、直升机、无人机，其中飞机 80 架、直升机 122 架，无人机 14 架。参见 Indian Navy to Grow into 150-Ship, 500-Aircraft Force by 2027 [EB/OL].（2011 - 11 - 07）http://www.defencenow.com/news/404/indian-navy-to-grow-into-150-ship-500-aircraft-force-by-2027.html.

队的指挥、训练和管理。此外，印度海军还编有西部和东部、远东三支舰队，分别隶属于西部海军司令部、东部海军司令部和东部海军司令部，海军航空兵司令部则由南部海军司令部代管。

为实现蓝水海军梦想，印度积极扩充舰队。根据 2011 年编制的“海军海上能力展望规划”(Maritime Capability Perspective Plan，MCPP)到 2027 年印度将拥有 150 艘水面舰船、潜艇，500 架飞机、直升机和无人机。根据时任海军参谋长维尔马上将在 2011 年 12 月的谈话透露，印度订购了 49 艘战舰、潜艇，此外还有 100 艘正在订购之中。① 此外，加紧完善舰队设施，建立新基地，以便军事前沿配置，增强战略投送能力和威慑能力。

第一，建造核潜艇和研发潜射弹道导弹。如前所述，为实现海洋拒止战略和第二次核打击能力，印度从战略高度重视发展战略核潜艇。为了发展战略核潜艇，印度秘密制定了“先进技术艇”(ATV)计划，将核潜艇列为海军发展的重中之重。从 1992 年起，印度以租借苏联的核潜艇为样板，发展本国核潜艇。从 1999 年印度正式宣布制造核潜艇以来，印度历时 10 年才完成首艘核潜艇“歼敌者”的建造。该潜艇排水量 6 000 吨，配备 4 个发射井，可以携带 12 枚射程 750～3 500 公里的安装核弹头的弹道导弹。由此，印度跻身核潜艇俱乐部，目前只有美、俄、英、法、中等少数国家才能独立制造核潜艇。但是目前，该艘核潜艇还处于海试阶段，没有服役。印度第二艘此类核潜艇也正在建造之中。要想实现核威慑，两艘核潜艇略显不足，因此，印度打算还建造 2～3 艘核潜艇，在 2025 年前投入使用。

---

① Gurmeet Kanwal. India's Military Modernization：Plans and Strategic Underpinnings［EB/OL］.（2012 - 09 - 24）http：// www. nbr. org/downloads/pdfs/Outreach/NBR_IndiaCaucus_September2012. pdf.

核潜艇只是核武器发射平台，还需要运载工具，也就是潜射弹道导弹。因此，在研发核潜艇之际，印度投入力量攻克技术难关。2008 年 3 月，印度在水下平台成功发射射程 750 公里的潜射弹道导弹 K-15。此类导弹试射了 10 多次，为装备在核潜艇"歼敌者"号做准备。成功研发潜射弹道导弹，让印度向建立海基核打击力量迈出了一步。尽管印度也迈入潜射弹道导弹俱乐部，但是 K-15 射程只有 750 公里。美、俄、英、法、中的潜射弹道导弹射程远远超过了 K-15，至少是其 10 倍。因此，即便"歼敌者"核潜艇具备行动能力，确保印度拥有海基战略核力量，但是只有其抵近敌国的近海，印度的战略核力量才能发挥作用，而且前提是核潜艇被不能被敌国发现。因此，很难说印度具备第二次核打击能力。因此，印度需要研发射程更远的潜射弹道导弹。2013 年 1 月 27 日，印度在孟加拉湾的水下平台进行了一次可携带核弹头的海基道中程弹道导弹的点火测试，并取得成功。印度官方没有说明该型导弹的射程，媒体估计在 1 500 公里左右。[①] 这是印度朝着构建三位一体核打击能力迈出的又一大步。如果该导弹能够装备在核潜艇上，基本上可以对区域外的介入印度洋上的他国海军形成战略威慑。

但要实现第二次核打击能力，只有潜射弹道导弹与核潜艇完美结合。所以，从目前来看，只要潜射弹道导弹还没有与"歼敌者"融为一体，印度的海基核力量的战略核威慑，以及第二次核打击能力都是幻影。历史经验表明，"艇弹合璧"需要经过漫长的试验才能实现，而且其中风险巨大，损失巨大。印度要想避开这个魔咒，似乎不可能。为弥补空缺，印度从俄罗斯租借了 1 艘核动力"阿库拉"潜艇，命名为"查克拉-2"，并且正在与俄罗

① 陈雪莲，"印度媒体称印成功进行海基型弹道导弹点火测试"[EB/OL].（2013-01-28）http://world.huanqiu.com/regions/2013-01/3588141.html。

斯商讨租借第 2 艘此类潜艇。

第二，添购新战舰和新常规潜艇，租借攻击核潜艇，扩充飞机、直升机、无人机。如果说实现前述的海基核威慑力量存在相当技术难度，一时难以克服，实现战略核威慑与海洋拒阻战略存在一定困难的话，那么增加海军常规力量建设，使之具备远洋作战能力，拥有强大的常规海上威慑实力，实现海洋控制与海洋拒阻就显得尤其紧迫。为此，印度海军加紧编制计划，添购海军武器平台。首先，自制与租借航母。印度的海军战略目标就是拥有三艘航母战斗群。目前，只有 1 艘购自英国的航母“维拉特”号。尽管为进行延寿，全面升级了其武器系统与传感器系统，但是该航母以老迈之躯，不足以承担海军交付的重担，将于 2015 年退役。因此，印度决定采购 3 艘航母，保证 1 艘处于保养或维修状态之时，另外 2 艘航母战斗群随时处于战斗执勤状态。截至 2015 年印度将拥有 2 艘航母战斗群，2018 年 3 个航母战斗群。在自制航母能服役之前，印度租借俄罗斯的排水量 4.4 万吨航母“戈尔什科夫海军元帅”，取名为“维克拉马蒂亚”号。但是，因为多方面原因，俄罗斯推迟租借航母的期限，2013 年该艘航母才到位。首艘自制航母“维克兰特”命途多舛，从 1999 年批准建造，2006 年正式开工，三年后才正式安放龙骨，并且一再拖延下水时间，2017 年以前很难下水。第二艘自制航母，在一片争议之声中于 2012 年开始建造，设计排水量 6.5 万吨。其次，增加潜艇数量，替换老旧的潜艇。“基洛”级潜艇和德制 1500 型潜艇，多数老旧，到 2012 年，63%的潜艇接近其行动寿命。① 为

① Radhakrishna Rao. A Force Multiplier for The Indian Naval Capability [EB/OL] (2012 - 05 - 31) http: // www. vifindia. org/article/2012/may/31/a-force-multiplier-for-the-indian-naval-capability.

此，印度编制了 30 年的潜艇展望计划，购买、建造 24 艘潜艇。再次，增加导弹驱逐舰和导弹护卫舰、两栖舰船、补给舰，推动导弹驱逐舰和导弹护卫舰向大型化、隐身化、多功能化迈进。此外，购买战机。为了增加航母的打击能力，印度除了自制“光辉”舰载机（已经试飞成功）外，最初从俄罗斯购买了 16 架米格 29 舰载机，后来再购买 29 架此类飞机。为提高海军的侦察与反潜能力，印度与美国签订协议，购买 12 架 P－8Ⅰ远程飞机，不排除印度还会购买多架此类飞机。印度海军力图在 2027 年使其航空力量达到 500 架。

第三，加速修建海军基地，提高远洋作战的后勤，做到军力前沿部署，使海军具备远距离“兵力投送”能力。在西部海岸，印度进行“海鸟工程”（Project Seabird），扩建卡沃（Kawar）海军基地。目前该基地驻扎 11 艘战舰。2012 年在卡沃基地附近建设卡达姆巴（Kadamba）基地的阶段Ⅱ计划得到批准，计划完成之后，卡达姆巴基地将成为印度第三大海军基地，仅次于孟买和维沙卡帕特南（Visakhapatnam）海军基地，印度任何一艘战舰都可以进驻该基地。如果阶段ⅡA 完成，卡达姆巴基地可以容纳 27～32 艘战舰。而整个卡沃基地将拥有一个空军基地、武器储备站、船舶复合体以及导弹发射井。如果阶段ⅡB 完成，卡达姆巴基地可以容纳 50 艘战舰。卡达姆巴基地为印度海军在西海岸提供“战略纵深”，可以为印度海军瞰制波斯湾、红海，甚至好望角提供便利。①

① India Opens Major Western Naval Base Near Karwar [EB/OL]. (2012－05－21) http://www.defenseindustrydaily.com/india-opens-major-naval-base-at-karwar-0647/. Rajat Pandit, India readies hi-tech naval base to keep eye on China [EB/OL]. (2013－04－26) http://articles.timesofindia.indiatimes.com/2013－03－26/india/38039841_1_akula-ii-ins-chakra-underground-nuclear-submarine-base.

在东部海岸，印度发起了"瓦尔沙工程"(Project Varsha)，可以与"海鸟工程"相比拟。该工程为"歼敌者"号核潜艇以及后续的几艘弹道导弹核潜艇和其他前线舰艇建设基地，该基地位于距离维沙卡帕特南海军基地只有50公里的拉姆空达(Ramkonda)。

在印度东南部，2012年7月，印度开始升级其在安达曼·尼科巴群岛最南端的一个规模很小且不常用的军事前哨基地，未来将会把其打造为一个全面的"前沿行动基地"，可以部署重型飞机，如C-130J，以及即将服役的远程侦察与反潜飞机P-8Ⅰ，海军将此命名为"巴兹"(Baaz)海军航空站。该基地坐落孟加拉湾的关键战略位置坎贝尔湾(Cambell Bay)，瞰制全球最重要的航道之一——6°海峡，该基地升级之后，这个前哨会成为印度能够用来监视马六甲海峡和孟加拉湾的"眼睛"。

在南部，印度在拉克沙(Lakshadweep)群岛把一个临时基地改建为一个永久性海军基地，即Dweeprakshak基地，2012年4月建成运转。拉克沙群岛是印度最小的联邦属地，位于印度南部顶端西南部的阿拉伯海上。该基地的投入使用，进一步加强印度海军在阿拉伯海的存在，扩大在印度洋地区的达到范围。除了保护群岛外，基地也可以保护海上贸易，也有利于情报收集。

在西南方向，印度继在马达加斯加岛建立雷达监听站后，又租借了毛里求斯共和国的阿加莱加群岛，并在上述群岛建设海军基地和机场，以便扼守莫桑比克海峡等交通要道。阿加莱加群岛还可以将印度南部的科钦海军基地与马达加斯加连接起来，形成"海上侦察链"。

第四，扩大、提升造船能力，力争战舰与潜艇的自制能力。要想实施海洋控制与海基战略威慑，很重要的一点就是要保证本国有能力制造海军武器载台。舍此，海军战略目标和蓝水海军愿景无法实现。毕竟，从外国买不来海军现代化。印度从向俄罗斯租借航母、从法国购买柴电潜艇的教训中得出，依靠外国完成海军目标是靠不住的。这两项交易不仅上升成本，而且拖了蓝水海军计划的后腿。例如，租借俄罗斯航母成本一而再再而三的增加，其改装的成本完全可以购买 1 艘全新的航母。另外，印度的造舰船的能力与技术也不足，导致本国的海军舰船计划拖延，例如自制航母进展落后于预期。因此，在这种情况下，印度现在必须扩大造船能力，提升造舰技术。印度采取的方式包括，扩大现有的国有造船能力；另外就是公私联合，让私有造船厂承担整个或部分军舰的建造；此外，通过购买外国军舰附带技术转让，进口几艘整舰，本国制造几艘整舰。印度从法国购买的潜艇和从俄罗斯购买的护卫舰都是采取的这种形式。正如前述，印度采购的 49 艘军舰，只有 4 艘由外国建造，其余 45 艘军舰由本国建造。① 根据有关自主化进程的一个报告说，船体和相关设备达到 90%的自给自足，引擎发动机达到 60%，包括武器和传感器在内的“战斗”部件只有 30%的自给率。② 印度造舰自主化道路还有一段路程要走。

第六节 对印、中、美海上关系影响

印度海军为实现国家战略目标，维护包括能源安全在内的

---

① Sergei DeSilva-Ranasinghe. Potent and Capable：India’s Transformational 21st Century Navy [J]. Strategic Analysis Paper, 2012-05-03.

② Nitin Gokhale. The Indian Navy’s Big Ambitions [EB/OL]. (2012-05-10) http://thediplomat.com/2012/05/10/the-indian-navy%e2%80%99s-big-ambitions.

国家安全和国家经济利益，积极发展蓝水海军，建立前进基地，目的在于向外延伸防御纵深，提高远洋作战能力范围，以实现海洋控制与海洋拒止，并提高威慑区域外海上强国、大国的能力，进而向西控制好望角，向东控制马六甲海峡，并把利益推进到南海。这些对中美印三国海上关系产生重大影响。

首先，对中印海上关系的影响，是使得中国的“马六甲困局”更加难解。目前，中国石油进口主要来自中东与非洲几个国家，且主要采用海上运输。运输线是波斯湾—阿拉伯海—孟加拉湾—马六甲—南海一线，运输风险巨大，尤其是马六甲海峡是我国能源进口的咽喉要道。一旦马六甲海峡被封锁，我国能源安全堪虞。这就是中国的“马六甲困局”。

2004 年美国提出中国用了一个所谓的“珍珠链战略”(String of Pearls)来破解“马六甲困局”。美国所称的该战略就是中国利用各种方式，在印度洋地区取得军舰海外停泊基地，包括巴基斯坦的瓜达尔港、孟加拉国的吉大港、斯里兰卡的汉班托特港、缅甸的实兑(Sittwe)、科科岛(Cocos Islands)，以及柬埔寨的哈努维尔港(Hanuweier)。除此之外，中国在南中国海和海南岛建立海军基地，形成更好的战略布局。西方炒作的“珍珠链战略”就是中国利用这些外国的海军基地，监视霍尔木兹海峡、阿拉伯海上的交通，以及马六甲海峡，确保中国能源运输安全。中国公司接管靠近霍尔木兹海峡的瓜达尔港经营权，以及援建坦桑尼亚的巴加莫约港，似乎更加证实了所谓的“珍珠链战略”的存在。

如同前述，印度也是能源进口大国，也在寻求能源来源的多元化，在中东、非洲、南海等地寻找供应点。中国与印度在能源上存在竞争状态。因此，鉴于所谓的“珍珠链战略”，印度加紧建设蓝水海军，在印度本土东西海岸、联邦属地建立海军基地，意在应对中国这一战略。印度在安达曼—尼克巴群岛建立巴兹基地，瞰制 6°海峡，监控马六甲海峡；并在与中国南海核潜艇基地的同一纬度进行“瓦尔沙”工程，建立核潜艇基地。所有这些都是印度“向东看”政策在海军方面的举措，其意图再明显不过了，那就是印度正在编制“铁幕”网络，遏制中国的所谓“珍珠链战略”。① 印度的蓝水海军对我国能源运输安全构成了严重的威胁，一旦印度完全建立了蓝水海军，完全能够对进出印度洋咽喉通道实施有效控制，我国的海上与陆上的能源通道，都将受到印度的控制，“马六甲困局”进一步加深。

为解决“马六甲困局”，中国也在谋求相应的海军实力，确保能源安全，但在印度等其他国家看来，这是对其海军的挑战，甚至是威胁。根据印度媒体报道，一份秘密文件说中国潜艇进入印度洋，削弱了印度海军控制“高度敏感的海上交通线”的锋芒；中国正在印度洋地区部署核动力潜艇和区域拒止武器，发展中国海军远洋海上能力，给印度安全利益造成巨大威胁。② 作为反制措施，印度把利益扩展到南中国海，使用海军为其保驾护航。因此，两国海上力量的碰撞不可避免，存在着引发冲突的可能性。不管我们如何进行宣传，我们发展海军实力是世界和平之福，目的在于维护国家安全利益与经济利益，绝不会走霸权之路，仍无法消除印度、美国等国的无端猜疑、担心。2013 年中国要购买俄罗斯潜艇消息传出来之后，印度马上与

---

① Cmde Ranjit B. Rai. China's String of Pearls vs India's Iron Curtain [J/OL]. Indian Defence Review, 2009, 24 (4). http://www.indiandefencereview.com/news/chinas-string-of-pearls-vs-indias-iron-curtain/

② Rahul Singh. China's submarines in Indian Ocean worry Indian Navy [N/OL]. Hindustan Times (2013-04-07) http://www.hindustantimes.com/India-news/NewDelhi/China-s-submarines-in-Indian-Ocean-worry-Indian-Navy/Article1-1038689.aspx.

俄罗斯协商，租借更多的“阿库拉”级核潜艇。这就是典型的“安全困境”。

第二，对印美海上关系的影响，就是加剧了印美争夺印度洋主导权。作为世界上最大的两个“民主”国家，印美是“天然盟友”。美国需要印度，牵制亚洲地区其他大国的崛起，保持亚洲力量的均势。但同时，对印度的崛起也表示担忧。印度也需要美国的“提携”，一方面对美国表现出“趋炎附势”，另一方面却玩起“制衡游戏”(Bandwagoning-Balancing Game)，支持美国的一些对立面，如倡导世界多极化，削弱了美国全球霸主地位的合法性。① 因此，美印两国在重大战略利益上并不一致，甚至对立，动摇了战略伙伴关系根基。双方都担心战略伙伴关系开始“迷失方向”。②

在印度洋上，随着印度蓝水海军扩张式的发展，印美海上关系复杂化了。如前所述，美国20%左右的能源来自印度洋地区，印度能源大部分也来自印度洋地区，因此两国对于护卫海上能源安全有着共同利益。两国出动海军打击海盗，为商船护航。但问题在于两国都想争夺印度洋的主导权，产生了重大的利益冲突。

基于历史以及地缘现实，印度需要发展强大海军，力图使印度洋变成“印度之洋”。2004 年印度《海军海洋学说》明确提出印度的海洋使命，明确说到寻求保障印度在印度洋的绝对利益。

---

① Yogesh Joshi. The Bandwagoning-Balancing Game: Contradictions of the India-US Partnership [EB/OL]. (2011 - 08 - 05) http://www.idsa.in/idsacomments/TheBandwagoningBalancingGameContradictionsoftheIndia-USPartnership_yjoshi_050811.

② Rajeswari Pillai Rajagopalan. US-India Strategic Dialogue: “Sky's No Limit” for Space [EB/OL]. (2011 - 06 - 18) http://www.observerindia.com/cms/sites/orfonline/modules/analysis/AnalysisDetail.html?cmaid=24899&mmacmaid=24900.

这就是印度版的“门罗主义”。① 因此，就不难理解印度大力发展蓝水海军，打造拥有远洋作战能力的舰队。同时，印度全方面拉拢印度洋地区国家，印度海军甚至还派遣战舰和直升机为非洲首脑会议提供安全援助，塑造有利于印度的“战场空间”，力图在 1 000 公里之外的“软控制区”对美国的海军实施威慑。

对于美国而言，保持对海洋的绝对控制是美国大战略的核心之一，美国也正是通过对海洋的控制对世界发挥影响力，从而维护美国霸权地位。美国保持着世界上最大的航母战斗群和海军实力，就明确表明了美国这一战略意图。2013 年 4 月海军三将领撰文强调，“航母不仅仅是力量的象征，航母更是力量之源”。② 因此，作为全球性霸权国家，美国绝对的制海权绝对不限于其本土所濒临的大西洋与太平洋，自然要扩展到印度洋，尤其是印度洋上战略咽喉通道。③ 2007 年的美国海军战略强调，“在阿拉伯湾、印度洋地区继续部署可信的战斗力，保护美国的关键利益、向美国朋友和盟友展示对地区安全的承诺，并威慑与制服潜在敌人和竞争对手”。④ 基于此，在一定程度上，美国与印度在争夺印度洋控制权上存在结构性冲突。

---

① The Indian Navy's "Monroe Doctrine"? [EB/OL]. (2004 - 04 - 11) http://www.indiadefence.com/doctrine.htm.

② David H. Buss, William F Moran & Thomas J. Moore. Why America Still Needs Aircraft Carriers [J/OL]. Foreign Policy (2013 - 04 - 26). http://www.foreignpolicy.com/articles/2013/04/26/why_america_still_needs_aircraft_carriers?page=0,1.

③ 1986 年，美国海军所列的 16 个全球咽喉航路，在印度洋上的 7 个；1999 年，美国能源部所列的世界石油 6 大咽喉通道，4 个在印度洋。

④ US Marine Corps, Department of the Navy, US Coast Guard. A Cooperative Strategy for 21st Century Seapower [EB/OL]. (2007 - 10) http://www.navy.mil/maritime/Maritimestrategy.pdf.

为应对印度蓝水海军的建设，美国继续在巴林部署第五舰队，以及在印度洋上的迪戈加西亚建立先进的海空基地，同时与海湾国家建立紧密的军事合作，构筑前沿基地，控制印度洋上的咽喉通道。同时通过亚洲“再平衡战略”政策，美国调整兵力部署，计划把60%的海军实力部署到亚太，虽然很大程度上是应对中国崛起的，但也是应对印度蓝水海军计划的战略手段。

第三，印度蓝水海军建设，维系着中、印、美海上非敌非盟关系。如前所述，美国反对印度控制印度洋，中国也明确反对印度洋成为“印度之洋”。对此，中美之间有着默契。因此，美国拉拢中国海军进入印度洋。2008年12月，中国决定派海军进入印度洋，在亚丁湾执行反海盗任务，为国际航运护航，美国政府表示欢迎包括中国在内的任何国家进入亚丁湾进行反海盗行动，并表示要与中国进行合作。2012年，中美两国海军在亚丁湾举行反海盗联合演习。当然，美国拉中国海军进入印度洋，不仅仅在于利用中国牵制印度，而且还在于让美国充当中印之间的“离岸平衡手”，让美国海军存在印度洋具有正当性。印度确实担心中国、美国进入印度洋，但更担心美国控制印度洋，因此，在与美国争夺印度洋控制权时，印度也需要中国海军进入印度洋，牵制印度洋上的美国海军。中国海军进入印度洋，旨在打破美军在印度洋、太平洋封锁中国能源通道，“与印度谋求改变美国主导印度洋、求解霍尔木兹困局的政策有不谋而合之处”。① 如同前述，另外一方面，印度发展蓝水海军，以及强大的美国海军存在于印度洋，对于中国能源安全存在巨大安全隐患，中国派海军进入印度洋，在印美两国看来，挑战了两国的海军。因此，两国对

---

① 楼春豪.印度洋新变局与中美印博弈[J].现代国际关系，2011(05)：6.

中国海军进入印度洋保持着高度的警惕性，有联合牵制中国海军存在于印度洋的意图。

因此，印度蓝水海军建设维持着中印美三国海军在印度洋上非敌非盟的“战略三角关系”，但不是等边三角形的关系，因为中国处于相对劣势地位。就地缘而言，印度加快蓝水海军建设，印度有着控制印度洋的优势，但想控制印度洋难免有“蛇吞象”之感，要顾忌中美两国在印度洋上的海军存在，并理解两国在印度洋上的国家利益关切。美国要正视并理解印度蓝水海军的发展，让印度承担维护印度洋的部分安全责任，更不能玩弄作为“离岸平衡手”的花招，在中印海军之间搞平衡。对于中国海军而言，目前还不具备改变印美两国主导印度洋安全的能力，从现实的角度来看，在中印、中美安全格局下，确保我国能源安全是现实的选择。“如果两国平静地看待印度，以及彼此之间平静地看待对方，那么合作的前景会相当光明”，①那么本节前面两个问题不再是困扰印度洋的安全问题。

---

① James R. Holmes, Toshi Yoshihara. China and the United States in the Indian Ocean: An Emerging Strategic Triangle? [J]. Naval War College Review, 2008, 61(05): 42.

第八章 “中等强国”澳大利亚的海军政策与实力及其对中国的影响

杨小辉

“中等强国”是指中等力量或实力的国家。[①] 尽管“中等强国”至今还缺乏一个固定而明确的定义，但生存、安全、合法性、领土、相对资源和能力是界定“中等强国”的基本要素。[②] 也就是说，人们的共识是中等强国必须具备较强的实力，对资源拥有一定的控制能力，可以凭借自身力量达成某些外交目标，以及能够在现有的国际秩序框架内采取相对独立自主的政策，对地区和国际事件的发展进程施加相应的影响。[③] 具体到澳大利亚政学两界来说，他们认为“中等强国”的内涵是：善于把握时机；有

① 加拿大20世纪60年代最早提出实行“中等强国”外交，此后这一概念迅速为国际社会所接受。

② Carsten Holbraad. Middle Powers in International Politics [M]. New York: St. Martin's Press, 1984.

③ 参见丁工：《中等强国崛起及其对中国外交布局的影响》，《现代国际关系》，2011年第10期。

一定的外交地位，能够应对小国所不能为、大国又无法同时关注且具有现实解决必要性的国际问题；即使在解决某些问题上没有权威，但要有政治想象力及创造性以打破僵局。[①] 因此，2009年澳大利亚国防白皮书《2030年的军力：在亚太世纪保卫澳大利亚》、2012年发布的《亚洲世纪中的澳大利亚》和2013年发布《强大与安全：国家安全战略报告》、《2013年国防白皮书》等一系列官方政策文件均明确将澳大利亚定位为“中等强国”。[②]

实事求是地说，无论是从国土、耕地、森林面积、矿产资源、GDP总量和人均GDP水平、能源、食品供应能力等方面，还是从军事和安全以及实现本国利益和履行国际责任的能力等方面来衡量，澳大利亚都是不折不扣的“中等强国”。在美国推行“重返亚洲”和“亚太再平衡”战略的大背景下，无论是从澳大利亚“海洋国家”的属性和“中等强国”的地位，还是从其作为美国亚太战略落脚的“南锚”角色来说，探讨澳大利亚的海军实力与发展规划及其对中国的影响，无疑均具有重要的理论和现实意义。一方面，我们可以通过对澳大利亚的分析，梳理出“中等强国”外交和安全

---

① Andrew F. Cooper, Richard A. Higgott and Kim Richard Nossal Cooper, Andrew Fenton. Relocating Middle Powers: Australia and Canada in a Changing World Order [M]. Carlton South: Vic. Melbourne University Press, 1993.

② Australian Government Department of the Prime Minister and Cabinet. Defending Australia in the Asia Pacific Century: Force 2030 [EB/OL]. http://www.defence.gov.au/whitepaper/docs/defence_white_paper_2009.pdf; Australia in the Asian Century White Paper [EB/OL]. http://asiancentury.dpmc.gov.au/white-paper; Strong and Secure: A Strategy for Australia's National Security [EB/OL]. http://www.dpmc.gov.au/national_security/docs/national_security_strategy.pdf; Defendce White Paper 2013 [EB/OL]. http://www.defence.gov.au/WhitePaper2013/docs/WP_2013_web.pdf.

逻辑的某些特性，另一方面亦可为中国化解澳大利亚主动迎合美国“重返亚洲”和“亚太再平衡”战略所带来的外交和安全压力提出相应的对策建议，进而为中国的和平发展创造更有利的外部环境。

第一节 澳大利亚的战略地位及中澳关系中的经济因素

从中国的视角来看，对澳大利亚战略地位进行评估，以下三个核心因素是不容忽视的。其一是地缘政治，尤其是在中国海军具备突破太平洋第一岛链的能力之后的情势；其二是作为中等强国，澳大利亚的硬实力尤其是其对资源的掌控能力；其三是中澳经贸关系中的某种不对称的依赖关系。具体来说：

作为亚太地区有着重要地位的中等强国，澳大利亚横跨太平洋与印度洋，战略位置十分重要。从地缘政治角度来看，澳大利亚恰是海洋大国对欧亚大陆上的陆权强国进行战略性牵制的前沿阵地，也就是说，作为战略要地，它“进可攻、退可守”，不仅可以为“空海一体战”提供战略纵深，而且能够为前者提供后勤补给基地和辅助兵力。具体来说，作为面对亚洲的前哨，澳大利亚东部面向太平洋各岛国：北面紧邻太平洋第一岛链（韩国—日本—台湾岛—菲律宾—印尼）和美国在中西太平洋最重要的海空基地——关岛；西北面越过印尼群岛，从海上可直达马六甲海峡、南中国海等交通要道，在陆上则可到达中南半岛；西接印度洋，是美国在印度洋最重要的海空基地迪戈加西亚的最大后勤基地；南部则与南极大陆遥遥相望。[①] 而且澳大利亚的战略地

① 参见刘新华：《略论澳大利亚的地缘战略地位和美澳军事同盟关系》，《世界经济与政治论坛》，2003 年第 3 期，第 78 页。

位在中国海军具备突破太平洋第一岛链的能力之后，更加凸显。于是我们看到美国在“重返亚太”与“亚太再平衡”战略中，重点利用澳大利亚北部的军事基地来提高美军在亚太地区的战略威慑和机动能力。

从硬实力的角度来说，澳大利亚国土面积769.2万平方公里，居世界第六位，海岸线长达3.67万公里，海洋面积1 200万平方公里，位列世界第三。2011年，澳国内生产总值约为1.379万亿美元，人均GDP 60 964美元，分列世界第十三位和第六位。① 吉拉德政府2012年10月发布的题为《亚洲世纪中的澳大利亚》的白皮书更是提出2025年澳GDP要力争进入世界前十。② 2012年4月17日斯德哥尔摩国际和平研究所(SIPRI)发布的报告显示：澳大利亚2011年军费开支为265.6亿美元，占GDP的比例为1.8%，为整个世界的1.5%，居全球第十三位。③ 不过澳军费开支长期以来一直低于北约的国内生产总值2%的标准，因此招致美方批评。④ 另截至2012年12月，澳全国人口为2 284万，其中74%为英国及爱尔兰后裔；5%为亚裔，华裔约占4%。⑤ 而据中新网最新报道，澳人口将于2013年4月23日

---

① 数据来源：http://data.worldbank.org.cn/country/australia，2013年5月1日访问。

② 参见Australia in the Asian Century White Paper，第111页。

③ 数据来源：http://milexdata.sipri.org/result.php4。

④ 华盛顿直率地向堪培拉表示：既然已经向美国许下了承诺，澳大利亚就必须满足增加其武装部队规模与能力的成本。参见《美要求澳大利亚增加军费为与中国对抗做准备》，http://mil.huanqiu.com/observation/2012-07/2952006.html，2013年5月1日访问。

⑤ 数据来自外交部网站《澳大利亚国家概况》，http://www.fmprc.gov.cn/mfa_chn/gjhdq_603914/gj_603916/dyz_608952/1206_608954/，2013年5月1日访问。

晚冲破2300万大关①。

作为全球供应链的起点，澳大利亚自然资源十分丰富，尤其是具有战略意义的矿产品和农产品。以矿产为例，该国矿产品至少有70余种，被誉为“坐在矿车上的国家”。澳铅、镍、银、铀、锌、钽的探明经济储量居世界首位，是世界上最大的铝矾土、氧化铝、钻石、铅、钽生产国，其黄金、铁矿石、煤、锂、锰矿石、镍、银、铀、锌等的产量也居世界前列。澳大利亚是世界最大的烟煤、铝矾土、钻石、锌精矿出口国，第二大氧化铝、铁矿石、铀矿出口国，第三大铝和黄金出口国。其已探明的有经济开采价值的矿产蕴藏量：铝矾土约53亿吨，铁矿砂146亿吨，黑煤403亿吨，褐煤300亿吨，铅2290万吨，镍2260万吨，银4.14万吨，钽4.08万吨，锌4100万吨，黄金5570吨。澳原油储量2270亿升，天然气储量2.2万亿立方米。澳大利亚农牧业发达，素有“骑在羊背上的国家”之称。农牧业产品的生产和出口在国民经济中占有重要位置，60%农产品用于出口，是世界上最大的羊毛和牛肉出口国②。无论是矿产品，还是农产品，对于人均资源占有量低于世界平均水平而又在迅速发展的中国来说，都极有吸引力和战略意义。从一定意义上说，澳大利业作为稳定的原材料供应者的作用完全不亚于非洲，毕竟澳国内政治稳定，法治和经商环境远好于非洲各国。

澳大利亚与130多个国家和地区有贸易关系，对国际贸易依赖较大，而且整个外贸主要通过海运完成。目前，澳主要贸易伙伴依次为中国、日本、美国、新加坡、英国、韩国、新西兰、泰国、

---

① 澳洲人口将冲破2300万大关 净移民推动人口增长[N/OL].[2013-05-01] http://www.chinanews.com/hr/2013/04-23/4755499.shtml。

② 数据来自外交部网站《澳大利亚国家概况》。

德国和马来西亚，除英德两国外，前十位的贸易伙伴均位于亚太地区。也就是说，尽管澳大利亚的经济交往涉及全球，但其贸易利益与亚太地区最为紧密地交织在一起。此外，澳大利亚最大的三个商品出口市场是中国、日本和韩国。澳大利亚超过50%的贸易是与东北亚地区进行的，由此可见澳大利亚与亚太地区贸易联系的紧密程度。① 也正是基于这一原因，2012年10月澳大利亚政府发布了有史以来第一份亚洲白皮书，重点列出了澳政府为确保自身能够抓住亚洲世纪的机遇所做的各种规划。

澳大利亚航运业也相当发达，拥有97个港口，第一大港为墨尔本，而悉尼则是南太平洋主要的交通运输枢纽。澳2009/2010年度，拥有国际海运船队80个，有5 814艘国际海运船只进入澳港口，国际水运货运量8.34亿吨。因此，确保海运船队的运输安全对于澳经济发展来说至关重要。

不过，值得注意的是，澳大利亚经济已经形成了对中国经济某种程度的依赖性。据澳方统计，中国是澳第一大贸易伙伴、第一大出口市场和第一大工业制成品进口来源地。中国商务部的数据则显示澳大利亚是中国第七大贸易伙伴和重要的原材料提供国，尤其是铁矿石、煤和天然气。2012年，澳大利亚对华货物贸易总额1 177.48亿澳元(合1 221.85亿美元)，约占澳对外货物和服务贸易总额6 185.25亿澳元(合6 418.32亿美元)的19.04%，而且前者的增长速度(3.66%)亦是后者(1.88%)的近两倍。其中对华出口732.85亿澳元(760.15亿美元)，同比增长2.57%，占其货物贸易出口总额的29.4%。从中国进口444.63亿澳元(461.71亿美元)，同比增长5.5%，占其货物贸易进口总额的

① 参见[澳]芮捷锐(Geoffrey Raby)：《澳大利亚外交政策与中国维度》，《当代亚太》，2008年第3期。

17.56%。澳大利亚从对华贸易中实现顺差288.22亿澳元(合298.44亿美元)。而澳大利亚2012年整个对外贸易的逆差达到167.93亿澳元,其中货物贸易逆差39.86亿澳元,服务贸易逆差128.07亿澳元。[①] 也就说,除去对华贸易,澳大利亚的外贸逆差将高达456.15亿澳元(合439.59亿美元),约占其GDP的3.6%。此外,有数据显示2011年中国对澳投资超过190亿澳元(约合198亿美元)[②],已连续四年位居澳第三大投资来源国。中国驻澳大使陈育明在演讲中表示中国自澳进口和对澳投资每年帮助每户澳大利亚家庭增收逾万元,创造了成千上万个就业岗位。[③] 截至2011年底,中国在澳留学生18.89万人,是澳最大的海外留学生来源国。[④] 2011~2012年访澳中国游客的总人数达到59.4万人,同比增长18%,在澳洲600万外国游客中占比10%。[⑤] 2012年,中国超过英国成为仅次于新西兰的澳大利亚旅游业第二大客源国。对于双方的经贸及人员外来,澳

---

① 以上数据分别见驻澳大利亚经商参处:《2012年澳中货物贸易总额突破1200亿美元》,http://www.mofcom.gov.cn/article/tongjiziliao/fuwzn/ckts/201302/20130200026050.shtml;驻澳大利亚经商参处:《2012年澳大利亚货物和服务贸易进出口总额超过6000亿澳元》,http://www.mofcom.gov.cn/article/tongjiziliao/fuwzn/ckts/201302/20130200026048.shtml。

② 数据来自外交部网站《中国同澳大利亚的关系》,http://www.fmprc.gov.cn/mfa_chn/gjhdq_603914/gj_603916/dyz_608952/1206_608954/sbgx_608958/最近更新时间:2012年01月17日。

③ 参见《中澳关系四十载与中国的全球角色——驻澳大利亚大使陈育明在澳公共服务委员会高级研修班上的演讲》,http://www.fmprc.gov.cn/chn/gxh/tyb/ywcf/t942333.htm。

④ 数据来自外交部网站《中国同澳大利亚的关系》,最近更新时间:2012年01月17日。

⑤ 数据来源于驻澳大利亚经商参处:《访澳中国游客人数10年增长350%》,http://www.mofcom.gov.cn/article/tongjiziliao/fuwzn/ckts/201208/20120808315006.shtml。

大利亚外交贸易部前高官何睿斯(Stuart Harris)曾说:"中国的经济发展,为澳大利亚产品提供了一个有利可图的出口市场;中国强劲及有效率的工业,为澳大利亚提供了大量的廉价商品,双方都从各自的优势中获益。"①

从上面的数据和双方外交官的言论中,我们不难看出,澳大利亚从中国的崛起中受益匪浅。但伴随着其对中国经济依赖性的加深,澳大利亚也产生了一定的忧虑情绪,于是希望通过加强与美国的军事同盟关系以及和日本的准军事同盟关系来对冲此种经济上的风险。② 由于澳大利亚是中国不可或缺的矿产和能源供应国,因此如何化解澳方的忧虑情绪,反制澳方在政治、军事上倒向日美、疏远中国的举动是摆在我们面前的重要课题。毕竟,澳方这种分裂性的国家行为长远来看会伤害中澳关系,而且其与日美的同盟关系亦将对中国的海上生命线构成一定威胁。有鉴于此,我们有必要先梳理一下澳大利亚自身的战略利益认知,进而评估其与中国重叠乃至有可能爆发冲突的地方。

第二节 澳自身的战略利益认知:"四环战略利益体系"

2009年3月,澳大利亚工党陆克文政府提出了引人注目的"富有创造力的中等强国外交"的理念。这一理念的核心是"'要

---

① 参见Stuart Harris:《中国在全球经济中举足轻重》,载《社会观察》,2005年2期。

② 这在2009年澳大利亚国防白皮书《2030年的军力:在亚太世纪保卫澳大利亚》、2012年发布的《亚洲世纪中的澳大利亚》白皮书和2013年发布的首份《强大与安全:国家安全战略报告》等一系列澳政府官方政策文件中都有明显的流露。

引领前行，不尾随于后’，落实到具体的外交行动上就是‘发力亚太，放眼世界’，以亚太地区作为澳大利亚开展多边外交、构建国际机制的起锚点”①。

2009年5月，陆克文政府又公布了国防白皮书《2030年的军力：在亚太世纪保卫澳大利亚》(以下简称《2030年的军力》)。顾名思义，《2030年的军力：在亚太世纪保卫澳大利亚》就是针对未来澳可能面临的海上威胁所采取的防务应对措施，更确切地说，就是假设美国在亚太地区影响力不断下降的情况下，澳大利亚所应作出的国防与安全战略调整。白皮书使用了澳周边地区已经出现紧张局势的字眼，并认为澳自身所处的位置，恰恰是“美、中、日、印、俄利益争逐之地”。这份报告的核心是一系列需要长期投入的军需采购项目，每一项目都各自对应一个武器升级替换的周期。②

作为“富有创造力的中等强国”这一目标在安全领域的集中体现，《2030年的军力》详细分析了澳国防战略环境、军队建设和防务政策，向人们清楚展示了其战略利益观。它的核心观点是：其一，国际战略重心已经向亚太地区转移，澳大利亚需要持续研判形势，并提早作出反应；其二，美国和中国的关系，是塑造未来地区形势的决定性因素；其三，澳美关系是澳大利亚最重要的双边关系，澳美同盟是澳自身安全与防务政策的基石；其四，中国的崛起不可避免，中国经济实力的增强必将导致中国军事和政治影响力的上升，澳大利亚需要对此做好准备。可以说，《2030年的军力》既有继承也有发展，其继承之处是坚持澳美同

① 唐小松，宾科．陆克文“中等强国外交”评析[J]．现代国际关系，2008，10.

② 参见 Defending Australia in the Asia Pacific Century: Force 2030。

盟对自身及亚太安全的重要意义，变化之处在于强调新时期战争的不确定性、中国和平崛起对澳大利亚的威胁以及澳国防的独立性，尤其是澳历史上第一次将中国视为战略对手。① 2013年澳大利亚发布的《强大与安全：国家安全战略报告》和最新的《国防白皮书》也大体上延续了《2030年的军力》里的观点，一方面承认中国已是世界性大国，鼓励中国在亚太地区和世界范围内发挥更大的作用，另一方面却还是将澳美同盟作为自身的安全战略基石，试图通过巩固和加强双方合作以应对中国崛起所诱发的各种不确定性。唯一的不同是新版白皮书主动表示“澳大利亚政府不认为中国是‘对手’。”②

其实，对任何一个国家而言，其安全战略和防务政策都必须以维护自身战略利益为根本目标。因此，《2030年的军力》、《澳大利亚国家安全战略报告》和2013年版国防白皮书，也重点列出了澳制定国家安全战略和防务政策时必须考虑的四项重要战略利益。依据它们对澳大利亚的重要性和地缘范围特点，可将之概括为“四环战略利益”体系。这一体系涉及的战略利益从澳本土拓展到世界，充分展示了其作为亚太地区重要中等强国的战略利益认知及其安全政策制定的出发点。③

确保本土安全是澳大利亚最基本的战略利益，也是其“四环战略利益”体系的起点。澳2009年国防白皮书明确指出：“这意味着我们在控制通往大陆的天空和海洋途径问题上，有着根本

---

① 参见唐小松、刘丹：《澳大利亚国防政策新动向》，《现代国际关系》，2009年第12期。

② 参见 Strong and Secure: A Strategy for Australia's National Security, Defendce White Paper 2013。

③ 参见 Defending Australia in the Asia Pacific Century: Force 2030，第11页；另参见胡欣：《澳大利亚的战略利益观与“中国威胁论”——解读澳大利亚2009年度国防白皮书》，《外交评论》2009年第5期。

的利益关系。如果必要的话，将对敌方军队所在基地或补给基地发动进攻以打败敌人，或者在其运输过程中予以打击。”① 2013 年国防白皮书则认为：鉴于北部近海资源经济重要性已经增加，必须在北澳保持有效、可观的军事力量并加强北部、西部的军事基地以彰显自身实力和捍卫领土主权的意志。②

第二环是南太平洋和东帝汶的安全。白皮书认为澳周边地区的安全、稳定和团结是仅次于本土安全的战略利益。这里的周边环境包括巴布亚新几内亚、东帝汶、南太平洋国家。③ 从战略利益视角来看，第二环乃是澳大利亚不容他人染指的势力范围。④ 第一环与第二环一起构成了澳大利亚的“核心利益”。

第三环是整个印度洋—太平洋(Indo-Pacific)的稳定。白皮书指出，无论从经济还是安全利益来说，澳大利亚都离不开印度洋—太平洋。澳尤其关注东南亚特别是印度尼西亚的稳定，一直防止潜在的敌对势力通过这一地区建立军事基地，拥有对澳大利亚实施兵力投送的能力。白皮书还声称自己在南海和印度洋，尤其是在海上运输线的安全问题上，具有重要的安全利益。⑤

---

① 参见 Defending Australia in the Asia Pacific Century：Force 2030，第 41 页。

② 参见 Defendce White Paper 2013，第 24 页。

③ 参见 Defending Australia in the Asia Pacific Century：Force 2030，第 42 页；Defendce White Paper 2013，第 25 页。

④ 维基解密披露，2007 年 12 月，中国曾向东帝汶提议免费在其境内建设一个雷达观测站用于监视非法渔猎，不过这一提议却由于澳大利亚和美国的反对而被东帝汶政府拒绝。这个建议被拒绝最重要的原因是该雷达站可能被中国用作情报收集，而且其位置选择也太过敏感。澳国防白皮书也认为，随着中国在澳大利亚政策范围内划开一条口子，中国海军影响力扩大将成为澳的长期战略担忧。——参见共识网，《东帝汶拒华援建雷达站背后》，http：//www.21ccom.net/articles/qqsw/zlwj/article_2011051335394.html，2012 年 5 月 1 日访问。

⑤ 参见 Defendce White Paper 2013，第 25 - 26 页。

最后一环是建立在规则基础上的、稳定的全球安全秩序。白皮书指出，建立和维护一个能抑制侵略并有效管理诸如大规模杀伤性武器扩散、恐怖主义和气候变化之类战略风险和威胁的国际秩序，符合澳大利亚的战略利益。①

在阐明了自身战略利益之后，《2030年的军力》和2013年国防白皮书还特别指出全球实力分布最显著的变化就是中国的全面崛起。前者认为，长远来看，“这会影响主要大国的战略范围和全球态势。”②到2030年，中国将会成为亚太和全球经济的主要动力之一，更有甚者，“中国有在2020年左右取代美国成为世界最大经济体的潜力。”③有鉴于此，“亚太地区，同时也是全球范围内，最关键性的关系将是美中关系。对于本地区的战略稳定而言，处理好华盛顿与北京的关系将具有至关重要的意义。”④除了对中国崛起的经济和政治影响进行评估外，《2030年的军力》还对中国的国防建设发表了生硬的看法：中国军事现代化的步伐、范围和结构，会造成邻国的担忧；亚太地区的国家对中国的长期战略目标心存疑虑。白皮书中写道：“中国……的军事现代化将以不断深入地发展兵力投射能力为特征。中国将发展一支与其规模相适应的、全球性的重要军事力量。但是，如果中国对此解释不详，同时也不主动与其他国家沟通以建立对其军事计划的信任，那么中国军事现代化的步伐、规模和结构将有

---

① 参见 Defendce White Paper 2013，第26页。

② 参见 Defending Australia in the Asia Pacific Century：Force 2030，第32页。

③ 参见 Defending Australia in the Asia Pacific Century：Force 2030，第34页。

④ 参见 Defending Australia in the Asia Pacific Century：Force 2030。

可能使其邻国有理由产生担心。”①最新的 2013 年国防白皮书也重申：澳大利亚坚决支持美国维持并加强在印度洋—太平洋的军事存在。换句话说，在澳大利亚的战略认知中，美国在这一地区广泛的战略同盟体系及其在印度洋—太平洋的军事存在，是本地区战略稳定的根基。②

在《2030 年的军力》发布之前，澳大利亚洛伊国际政策研究所的休·怀特（Hugh White）也曾撰文指出，中国的崛起将使澳大利亚面临重要的战略转型。他写道：“中国崛起并不直接威胁我们，但是，如果它的崛起持续发展，将会改变亚洲运行的方式。它会损害美国的首要地位，而这在过去四十年中维持着地区稳定和澳大利亚的安全，现在存在着一种风险，亚洲将滑向日趋激烈的战略竞争和冲突，在这其中，澳大利亚卷入战争的概率将增大。”③这也就意味着，对中国崛起的战略疑虑乃是澳大利亚朝野之间的共识。④ 事实上，即便是对华温和人士也坦承，随着中

① 参见 Defending Australia in the Asia Pacific Century：Force 2030。

② 参见 Defendce White Paper 2013，第 26 页。

③ Hugh White. Winds of Change Demand Hard Debate [J]. The Australian Financial Review, 2009 04 28: 63.

④ 《澳大利亚人报》资深经济记者、编辑尤伦新书《王国与矿场：中国和澳大利亚，恐惧和贪婪》（The Kingdom and the Quarry：China, Australia，Fear and Greed）甚至爆料称，澳 2009 年的国防白皮书中包含有一个秘密章节，评估了澳大利亚协助美国与中国打一场空海战争的能力，确定了“2030 年军力目标”。“该章节设想了一个完全不同的世界，澳大利亚海军协助美国在南海同中国作战，中国的海上通道被封锁，自然资源运输受阻。作为报复，中国可能会摧毁澳大利亚的松树谷基地。该基地对于引导美军在亚洲的行动至关重要。中国还可能用导弹对澳大利亚发起攻击，炸毁港口和发动网络战。中国能够打击 5 000 公里以外目标并打到澳大利亚本土，这是战略环境的全新因素。”在公开发行的版本中，该章节被删去。——参见李欧、王晓雄：《澳大利亚对华作战计划曝光》，《环球时报》，http://world.huanqiu.com/roll/2012-06/2787162.html，最后浏览日期 2012 年 6 月 5 日。

国不断崛起为国际体系中的自变量，中国因素将在澳战略安全与国防政策规划中扮演越来越中心的角色。

为了保障以上“四环战略利益”，澳大利亚政府的安全政策规划是：①继续巩固和加强澳美同盟关系，借助美国的军事力量减少潜在威胁国家从海上入侵的可能性。②继续加强自身独立的军事力量，增强皇家海军应对武装冲突的能力，加速向“增强舰队”的转变，并为“未来舰队”奠定坚实的基础。无论是报告中反映出的军方战略意志，还是所涉及的每一项具体落实内容，都预示着澳海军将迎来一次里程碑式的宏伟变革。因为这不是偏重于某一特定领域的修修补补，而是整个海军全方位的质量提升，而且始终在有条不紊地分步实施。2013 年澳国防白皮书透露，2009 年以来，澳政府已经批准了超过 125 个总价值超过 173 亿美元的军事采购项目。[①] ③通过高层互访、战略对话机制、军事演习和海军出访、建立有效的海上安全合作机制等多种手段，促进自身周边海上安全环境（主要是东南亚、东印度洋海域和西南太平洋海域）和亚太地区的稳定。[②] 也就是说，作为“中等强国”的澳大利亚，除了自助之外，更倾向于使用双边和多边的外交手段维护自身国家安全并在一些比较重大的国际事务中施展自己的政治抱负。[③] 比如，澳历届政府均将澳美同盟作为自身的战略支柱，并积极扮演美国亚太战略中至关重要的“南锚”角色。此外，澳大利亚还与日本结成了准军事同盟关系，不仅 2007 年发表了安保联合宣言，而且还建立了防长加外长的

---

① 参见 Defendce White Paper 2013，第 76 页。

② 参见甘振军、李家山：《简析澳大利亚海洋安全战略》，《世界经济与政治论坛》，2011 年 7 月第 4 期。

③ 参见刘樊德：《澳大利亚东亚政策的演变》，北京：世界知识出版社，2004 年，第 82－93 页。

“2+2”定期会晤机制，2009 年日澳又签署双边防务后勤协议，成为继美国之后第二个与日本签署类似协议的国家。①

前面所剖析的澳政府战略与安全规划，不仅体现出了其作为中等强国的行为逻辑，而且更是反映出了澳大利亚长久以来所一直奉行的与世界上最大的海上强国结盟的战略文化。在第一大战略盟友（美国）和第一大经济伙伴（中国）之间如何作出选择、怎样平衡彼此之间的关系，将成为其未来不得不反复面对的难题。现阶段，澳大利亚主要通过政治上、军事上积极向美国靠拢来对冲经济上过度依赖中国的风险，这种行为正反映出其战略困境以及由此所导致的分裂性的国家人格。

第三节　同盟框架下的澳大利亚海军与安全战略

由于澳美同盟是澳大利亚海军和安全战略的基石和起点，而且双方从结盟行为中各取所需、相互借重，截至目前，澳美之间已经形成了一种制度化的互利关系；更为重要的是这一同盟关系对中国的国家安全有着重要影响，因此有必要将之单独提出来作进一步的分析。

沃尔特指出：“大多数同盟的主要目的是将成员国的能力以某种方式联结起来，以进一步促进各自的利益”。② 作为冷战背

---

① 有关日澳关系可参见汪诗明《论日澳“建设性伙伴关系”的形成》（《日本学刊》，2007 第 2 期）、刘新华《日澳关系的演变及其特点》（《当代亚太》，2007 年第 6 期）和王海滨《从日澳“安保关系”透析日本安全战略新动向》（《日本学刊》，2008 年第 2 期）等文献。

② Stephen M. Walt. Why Alliance Endure or Collapse [J]. Survival, 1994, 39(01): 157.

景下的产物，澳美同盟自然也不例外。1951年9月1日，美国、新西兰、澳大利亚签订《澳新美安全条约》结成军事同盟。条约明确规定：在太平洋地区，当缔约国之一受到攻击时，其他缔约国必须提供军事援助，各缔约国遇到共同危险时，则应采取共同行动。① 可以说，正是上述条约为澳美双方相互借重提供了一个可供操作的平台。

澳美同盟尽管是冷战的产物，然而冷战结束之后，非但没有削弱，反倒由于相互需要获得了强大的生命力。近年来澳美在这一平台的基础上，不断采取实质性步骤，充实和扩大双方在同盟框架下的合作机制。1998年，澳大利亚与美国在悉尼签署题为《美澳21世纪战略伙伴关系》的联合安全宣言，双方着眼于整个亚太地区，更新了此前的《澳新美安全条约》，再次肯定澳美作为天然盟友和条约伙伴的价值，重新确认对条约责任与永久存续的共同承诺。在声明中，双方表示两国决定加强军事和防务合作，通过美军在澳大利亚的前沿部署，巩固美国在本地区的军事存在，以"有效地对付未来地区性和全球性挑战"，此外澳方同意美反弹道导弹太空预警系统在澳大利亚建立地面中继站。②澳政府在冷战结束后的一系列动作很好地诠释了澳美同盟这一变化的含义及其对中国的影响。1996年，台海局势紧张，澳大利亚不仅率先声明支持美国将两艘航母驶入台湾海峡，而且还在同年8月就向台湾出售铀的可行性开始与台湾进行谈判。

---

① 参见 http://www.austlii.edu.au/au/other/dfat/treaties/1952/2.html。

② Australia-United States Ministerial Consultations 1998 Sydney Statement, Australia-United States: A Strategic Partnership for the Twenty-first Century [EB/OL]. http://www.dfat.gov.au/geo/us/ausmin/sydney_statement.html.

2001年中美因南海撞机事件关系紧张之时，澳更是派三艘军舰驶过台湾海峡，以“配合美国在东亚加强军事前沿部署的安排”①。

2000年，澳大利亚又与美国签署了《在国防装备和工业方面加强合作的原则协议》，通过该协议澳方获得了分享美国防高科技和军事装备的特殊地位，此前只有英国享此“殊荣”。尤其值得注意的是，这一协议使得澳方在军舰和潜艇的战斗系统、电子战系统和空对空导弹系统等方面极大提高了与美国协同作战的能力。“9·11”事件后，澳大利亚启动《澳新美安全条约》，出兵参加美对阿富汗和伊拉克的战争。战争进程中，澳国防军已经介入到美军军事计划制定的核心层次，拥有接触到美军思想和部署的机会，澳方不但可以进行评论、提出意见，还能对美方政策进行客观评价。这一切均表明澳已成为亚太地区与美国关系最密切的国家。② 2004年5月，澳美正式签署双边自由贸易协定(FTA)。该协定于2005年1月正式生效。2005年7月，澳美签署澳参与美导弹防御计划谅解备忘录。根据这项为期25年的协议，美澳将共同研发先进雷达，以获得对弹道导弹发射的早期预警能力；澳方允许在其境内建立导弹防御系统，美方则斥巨资对澳德拉米尔、浅水湾和布拉德肖港三大军事基地进行大规模的升级改造，为美国提供导弹预警服务。这标志着澳大利亚成为第一个正式加入美国导弹防御体系并受其保护的国家。而作为对美国安全承诺、情报资源与防卫技术分享的回报，澳大利亚不仅继续提供基地、通信与情报设施为美国前沿军力使用，还承诺介入亚太事务，配合美国亚太战略，在国际组织中

① 苏浩：《从哑铃到橄榄：亚太合作安全模式研究》，北京：世界知识出版社，2003年，第112页。

② 参见岳小颖：《冷战后澳大利亚为何追随美国？》，《国际政治科学》，2009年第4期(总第20期)。

采取和美国一致的立场。① 2005 年 11 月，两国签署《澳美联合训练中心备忘录》。2006 年 12 月，澳美举行首次年度国防、外交双部长磋商，双方“2＋2”战略对话机制正式运作。

2009 年 3 月 24 日，澳总理陆克文受邀与美国务卿希拉里·克林顿在白宫共进午餐。席间，陆克文对希拉里表示，由于中国领导人的“非理性”，自己在对华政策上是一个“残酷的现实主义者”，并提出包括“准备部署武力，以应对问题的发生”在内的多项对华强硬政策建议。② 2009 年 5 月，陆克文政府公布的国防白皮书《2030 年的军力》“紧盯中国”，首次将中国视为本地区的战略对手。根据白皮书的规划，澳大利亚将在未来 20 年里斥巨资改善军备。而规划中的由 12 艘新型潜艇组成的潜艇作战大队，能够于美国主导的封锁中国在印度洋与太平洋上的重要航线的可能行动中做出重大贡献。此外在南海问题上，澳大利亚亦唯美国马首是瞻。一方面，继美国国务卿希拉里于 2010 年 7 月宣布美国在南海地区有着“自己的国家利益”之后③，澳外长陆克文也明确表示南海问题关乎澳大利亚的利益，成为公开就此问题表态的又一个域外国家。特别值得关注的是，2010 年 9 月 15 日，澳大利亚与美国“2＋2”年度部长级会议发表的声明，专门阐述了两国在南海问题上的共同立场，即“与国际社会

---

① 参见李家成：《相互借重：冷战后美澳同盟不断强化的深层动因》，《复旦美国评论》，2010 年第 2 期。

② Joe Kelly, James Massola. Kevin Rudd Defends “Robus” China Relationship, Urges US to “Tighten Up” After Leaks [J]. The Australian, 2010－12－06. 另参见维基解密：《澳前总理陆克文曾鼓动美国“以武制华”》，http://news.ifeng.com/world/special/weijijiemi/content-2/detail_2010_12/07/3381660_0.shtml。

③ Hillary Rodham Clinton. Remarks at Press Availability [EB/OL].（2010－06－23）http://www.state.gov/secretary/rm/2010/07/145095.htm.

一样，澳大利亚和美国在南海的航行自由、保持和平与稳定、尊重国际法以及畅通的合法商贸方面，拥有国家利益。”①另一方面，澳大利亚还参与了美国在南海附近海域所进行的有关军事活动。例如，2011 年 7 月，当中国与东南亚有关国家南海争端不断升温之际，澳大利亚海军会同美国海军、日本海上自卫队在濒临南海的文莱附近海域举行了一次联合军事演习。2013 年，吉拉德政府更是将前述澳美联合声明中的观点写进了新版国防白皮书，使之具备了法律和政策效力。

2011 年 11 月，澳总理吉拉德和奥巴马公布了军事合作新协议，决定对相关港口和空军基地进行重大升级，进而为美国“空海一体战”的战略提供重要的前沿基地。协议中的四项计划包括：在澳大利亚东北部的布里斯班建设新的海军基地容纳美国军舰造访；在西部的珀斯市，澳皇家海军斯特灵基地将进一步扩充，以满足未来美国核动力航母及其他战舰的停靠之需；在距中国南海约 2 000 公里达尔文港，除了每半年轮换的美海军陆战队员之外，包括 B－52 远程战略轰炸机、F－18 战斗机、C－17“环球霸王”战略运输机和空中加油机等在内的美国军机将更频繁地出入澳皇家空军廷达基地；在位于澳大利亚与斯里兰卡之间的科科斯群岛上，一处小型机场将进行升级，以供 P－8 反潜机和“全球鹰”无人侦察机使用。澳美军事合作的新协议构成了美国“重返亚太”和“亚太再平衡”战略的重要内容，这不仅有利于美军加强对马六甲海峡的控制，而且使得美国对包括南海在内的整个亚太地区的机动能力和战略威慑力得到大幅提升。另

① Australia-United States Ministerial Consultations (AUSMIN) 2011 Joint Communiqué [EB/OL]. http://foreignminister.gov.au/releases/2011/kr_mr_110916b.html.

据2013年5月14中央电视台报道：日前澳皇家海军悉尼号护卫舰离开母港，前往日本，届时将作为美国航母编队的一部分执行任务。这不仅意味着美澳二战期间形成的联合作战惯例将重启，而且也意味着日澳军事关系将更加密切。①

从上面的梳理我们可以看出，澳美同盟是在以下三个密切相关的层面上进行的：一、在实际防务及安全事务上进行一系列富有成效的双边合作、训练、演习及协同作战乃至最新的联合作战，澳大利亚因此获得了美国高度敏感的关键军事技术；二、进行地区合作，这符合澳大利亚的关键利益和目标，而且澳美同盟也是美国在亚太地区一系列联盟链条中的关键部分；三、两国间的同盟牢固地建立在必要时互相提供包括武装力量在内的各种支持的相互理解基础上。② 尽管2013年5月，吉拉德政府发布的最新国防白皮书，并没有像2009年的白皮书那样明显完全倒向美国，且把中美两国视为决定亚太地区未来繁荣与稳定的基石，并声称要加强与中国的合作关系。但所有这一切都是建立在澳美军事同盟的基础之上的，而且白皮书还表明了澳方非常(strongly)支持美国维持并加强在亚太地区军事存在的立场。③

实事求是地说，由于其人口规模和地理位置，澳大利亚靠自身力量保障不了其海上航线的安全，因此澳美同盟对于维护澳国家安全和海洋利益起着无可替代的作用，此外作为中等强国的澳大利亚也希望借助美国的力量获得安全保证并提升地区影响力。所以无论哪一种政治光谱的澳大利亚政府——保守的自由党与国家乡村党联盟或是中间偏左的澳大利亚工党——都将

---

① 参见http://news.cntv.cn/2013/05/14/VIDE1368546599616775.shtml。

② 参见胡宁：《澳美关系与亚太地区安全》，《当代亚太》，2004年第1期。

③ 参见Defendce White Paper 2013，第三章。

与美国的同盟视为“澳大利亚安全的根本保证”和澳大利亚国防所必不可少的组成部分。① 例如，2008 年陆克文在访美期间曾明确表示，与美国的同盟关系是澳大利亚外交政策的“第一支柱”。② 而作为长期以来在安全问题上“搭便车”的盟友、美国亚太安全体系“南北双锚”中的重要一环，澳大利亚在意识形态、社会制度和价值理念等方面都与美国有着共同之处，不仅主动配合美国“重返亚太”的战略，而且某种程度上澳更是积极促成了美国的这种战略调整，甚至希望美国在亚太安全问题倚重自己。澳大利亚政府 2012 年发布的《亚洲世纪中的澳大利亚》、2013 年发布的《国家安全战略报告》和最新国防白皮书，均再次确认了澳美同盟的重要性，前者明确提出将与美国一道确保美国在亚洲强大而持续的存在，后者则强调澳美同盟是澳国防和安全战略的基石，将不断提高澳美军事力量的协同性。③

第四节 澳皇家海军的角色定位、现有实力及建设规划

身处大洋洲的澳大利亚横跨印度洋—太平洋，四面环海，独

---

① Desmond Ball. The U5-Australian Alliance [C]. // Barry Rubin, Thomas A. Keaney, eds. US Alliance in a Changing World. London: Frank Cass Publishers, 2001: 248-279.

② Kevin Rudd. The Australia-US Alliance and Emerging Challenges in the Asia-Pacific Region: An Address to the Brookings Institution, Washington [EB/OL]. (2008 - 03 - 31) http: // www. pm. gov. au/media/Speech/2008/speech_0157. cfm. 无独有偶，作为美国亚太战略的“北锚”，其首相安倍晋三也有类似的说法，即“不加强日美同盟，就无法获得强大的外交实力。”

③ 参见 Australia in the Asian Century White Paper; Strong and Secure: A Strategy for Australia's National Security.

特的地理位置以及其经济对海外贸易的依赖，决定了澳皇家海军在其国家安全体系中至关重要的地位。

澳皇家海军的历史使命就是作为联合（国际联合部队）或合成（本国海陆空三军）部队的重要力量参加海战并取得胜利，维护澳大利亚的主权和领土完整，为印度洋—太平洋地区的安全做出贡献。① 更进一步来说，澳皇家海军战时负责海上巡逻和反击、拦截与战略打击、护航以及保护近海领土和资源、海上情报收集和评估、护送任务；和平时期的行动则包括澳近海的海上监视和响应，水文、海洋和气象保障业务，人道主义援助和海上搜救。② 因此，澳皇家海军建军原则是建设一支作战能力强、规模适中的中型海军舰队，近期目标是打造一支"增强舰队"，远景目标则是"未来舰队"③。

为完成上述使命与任务，澳大利亚将其皇家海军主要划分成三大部分：皇家海军总部司令部、舰队（海上）司令部和海军战略司令部。澳海军编有 3 个地区司令部，6 个海区司令部，7 个作战部队大队和 14 个主要海军基地，所有作战部队都划归为不同的作战部队大队（FEG）统一管理，非常有利于部队的精简和管理，有效地提高了部队作战能力。

澳皇家海军主要部署在悉尼、布里斯班、阿德莱德、霍巴特、珀斯、凯恩斯和达尔文等 7 个海军基地，其中主要作战兵力部署在东部悉尼海军基地和西部珀斯斯特灵（Stirling）海军基地，形成东部水面舰艇，西面潜艇和水面舰艇混编的战略态势。澳皇

---

① 参见 http://www.navy.gov.au/organisation 和 http://www.navy.gov.au/navy-today/new-generation-navy。

② 参见 http://www.navy.gov.au/organisation。

③ 参见 Defending Australia in the Asia Pacific Century: Force 2030。

家海军如此部署主要是因为其东部没有太强大的战略对手，因此只部署了水面作战舰艇，而西部则毗邻综合实力强劲的印度和印尼，因此澳海军主力包括全部 6 艘先进的“科林斯”级潜艇、6 艘“安扎克”级直升机护卫舰和部分“阿德莱德”级导弹护卫舰均部署在西部舰队基地斯特灵。

正在朝“增强舰队”目标迈进的澳大利亚皇家海军，目前，是可以执行近海和远洋作战的蓝水海军，兵力超过 1.6 万人（含航空兵），拥有各型舰船 53 艘，实行志愿兵役制。① 2011 年，澳皇家海军预备役人员 8 959 人。② 其兵力主要分为：水面作战大队、潜艇大队、海军航空兵大队、海军两栖及海上支援大队、海军巡逻艇大队、水雷作战及水下爆破大队。下面，我们将择其要者对其现有实力及未来发展规划进行评估。

1. 现役主力水面舰艇及升级计划

澳皇家海军水面作战大队作为最通用的平台，不仅能够进行全方位的海上作业，而且反潜能力出色，其所辖兵力主要包括：8 艘“安扎克”级直升机护卫舰（the Anzac Class FFH），4 艘“阿德莱德”级导弹护卫舰（the Adelaide Class FFG），以及正在建造中的 3 艘“霍巴特”级防空驱逐舰（the Hobart Class AWD）。

“安扎克”级为远程多功能护卫舰，是澳皇家海军最新的主力作战舰艇，达到了世界一流水准，主要执行防空、反潜、海上监视和海上封锁等任务，与中国 054A 型护卫舰类似，但“安扎克”级反潜性能更为出色。其中 153 跟 155 号部署在东部的悉尼，其余的 150、151、152、154、156 和 157 号均以西部的珀斯为母港。

“安扎克”级排水量 3 600 吨，航速超过 27 节，以 18 节的航

① 参见 http://www.navy.gov.au/fleet。

② Jane's Fighting Ships 2010 - 2011 [M]. Colorado: IHS. 2010: 25.

速，其有效作战航程 6000 海里，舰员编制约 170 人。从技术参数来看，以德国 MEKO 200 为原型设计建造的“安扎克”级，高速性能突出、加速快、具有不俗的续航力，非常有利于反潜作战。澳海军“大洋”1440 计划准备将“安扎克”级直升机护卫舰升级为水面舰艇编队的超视距瞄准和打击能力的关键部分。① 2013 年版的国防白皮书也确认将继续改进其声呐和导弹系统，并升级“安扎克”级上所使用的澳自己开发的相控阵雷达技术。②

“阿德莱德”级为远程多功能护卫舰，满载排水量 4 267 吨，航速 29 节，续航力 4 500 海里，舰员编制 184 人（15 名军官），能同时应付来自空中、水上及水下的多种威胁，主要执行防空、反潜、监视、拦截、侦察等任务。③ 目前，澳皇家海军一共拥有4 艘，舷号分别是 03、04、05 和 06。

澳国防部通过“大洋”1390 计划，对现役“阿德莱德”级导弹护卫舰进行了重大升级改造，使得该舰整体性能得以大幅提升，不仅能够发射“改进型”海麻雀导弹，而且通过引进“标准”中程舰空导弹，防空能力大为提高。此外新装备的分布式作战结构系统（ADACS）还具备与联合作战的其他部队进行准实时战术数据交换的能力。

澳皇家海军制定的“大洋 4000”计划，打算耗资 60 亿美元

---

① 有关“安扎克”级直升机护卫舰的详细资料参见Jane's Fighting Ships 2010—2011，第 28、29 页，以及澳海军网站：http://www.navy.gov.au/fleet/ships-boats-craft/ffh；另参阅谭正平、吴治文：《从舰船中队迈向“增强舰队”》，《当代海军》，2008 年第 5 期。

② 参见 Defendce White Paper 2013，第 83 页。

③ 有关“阿德莱德”级导弹护卫舰的详细资料参见Jane's Fighting Ships 2010—2011，第 30 页，以及澳海军网站：http://www.navy.gov.au/fleet/ships-boats-craft/ffg；另参阅谭正平、吴治文：《从舰船中队迈向“增强舰队”》。

建造3艘被称为“未来防空反导之盾”的“霍巴特”级防空驱逐舰。2012年9月首制舰“霍巴特”号(Hobart)(AWD39)开始铺设龙骨,计划2014年服役,另外两艘布里斯班号(Brisbane)(AWD41)和悉尼号(Sydney)(AWD42)也计划分别于2016、2017年入列。它们建成后将跻身世界上作战能力最强的信息化水面战舰之列,其性能不弱于我国最新的052C型驱逐舰。

“霍巴特”级以西班牙海军F-100级护卫舰为基础设计,由27个模块组成,满载排水量6 000吨,最大航速28.5节,巡航速度18节时,续航距离为7 412海里,舰员编制约180人[①]。该级舰采用了美国以AN/SPY-1D有源相控阵雷达为核心的7.1版“宙斯盾”作战系统。这种雷达能完成全空域快速搜索、自动目标探测和多目标跟踪,其对空搜索最大作用距离约为400千米,可同时监视400批目标,自动跟踪100批目标。加入“宙斯盾”俱乐部,对于澳大利亚巩固同美国的亚太安全合作至关重要,这使得两国在联手应对不确定海上威胁方面增添了极大的默契。

从舰队防空和防御方面来看,“霍巴特”级的防空火力可分为二层:中远距由“标准 2IIIA”防空导弹承担,有效射程达到150千米,为舰队提供防空任务,主要针对中高空战机和中低飞行高度反舰导弹,由于该型导弹性能全面,也能打击掠海飞行、超音速反舰导弹等目标;中近距由“改进型海麻雀导弹”(ESSM)承担,有效射程达到30千米,为舰队或自身提供防御,主要针对超音速、超低空、低雷达截面反舰导弹;最后一道防线

---

① 有关“霍巴特”级防空驱逐舰的详细资料参见Jane's Fighting Ships 2010—2011,第27页,以及澳海军网站:http://www.navy.gov.au/fleet/ships-boats-craft/awd;另参阅谭正平、吴治文:《从舰船中队迈向“增强舰队”》。

由“密集阵”Blockl Ⅱ近防炮承担。未来澳大利亚海军还将为“霍巴特”级装备“标准-3”舰空导弹，使其具备弹道导弹防御能力。此外，该舰还可搭载BGM-109“战斧”巡航导弹，用于反舰和打击敌方纵深陆地目标。

2. 突出“隐形与实力”的潜艇部队①

潜艇作战大队作为澳皇家海军的主要兵种，其任务是：执行隐蔽监视与侦察；对敌战舰、潜艇及商船发起攻击；执行海上布雷及支持特种作战等任务。潜艇作战大队司令部设在珀斯湾斯特灵基地，所辖单位包括澳大利亚潜艇公司（位于南澳阿德莱德）、6艘“柯林斯”级潜艇和潜艇防务支援基础设施部队。澳皇家海军潜艇作战大队在编人员1 250人，其中包括澳大利亚潜艇公司600人。

澳大利亚“科林斯”级是瑞典第五代柴电潜艇技术的巅峰之作，拥有目前世界上最先进的“不依赖空气推进装置”（AIP）技术，且具备近海监控能力，能够有效适应21世纪区域冲突和局部战争。其舰体结构为单外壳，具备隐形能力，最大下潜深度为255米，水上极速10节，潜行极速20节，水上排水量3 051吨，潜航排水量3 353吨，是全球体积第三大的柴电潜艇，通气管状态航程9 000海里/10节，水面航行时航程1.15万海里/10节，艇员编制45人。

为了便于与美军协同作战，“科林斯”级潜艇2006年完成了一次升级改造。自此，“科林斯”级安装了美国现役最先进的潜艇作战系统，武器控制系统也改为美国雷神公司（Raytheon

---

① 参见Jane's Fighting Ships 2010—2011，第25-27页；有关澳海军潜艇部队详细资料亦可进一步参见澳海军网站 http://www.navy.gov.au/fleet/ships-boats-craft/submarines/ssg；另可参阅谭正平、吴治文：《突出“隐形与实力”的潜艇部队》，《当代海军》，2008年第6期。

Company)的 AN/BYG－1,从而使得该艇自动化控制程度得以提高,噪音更小,抗震能力更强,作战程序更缜密,武器命中率更高。[①] “科林斯”级上的武器荷载相当“恐怖”。其武器系统为 6 具向前鱼雷发射管,可携带 22 枚 533 mm 性能先进的 MK48 型有线制导鱼雷,55 节时射程 38 公里,40 节时射程 50 公里。此外科林斯级潜艇还可发射 6 枚 UGM－84C 潜射型“鱼叉”反舰导弹。

2009 年澳大利亚国防白皮书规划,未来澳皇家海军将建造 12 艘新一代常规潜艇,以代替现役的“科林斯”级[②]。澳下一代常规潜艇将以“科林斯”级潜艇为基础进行全新设计,仍由澳大利亚潜艇公司建造,项目总价值达 250 亿澳元,是澳历史最大单一国防项目。装备了独立不依赖空气推进(AIP)动力系统的新一代潜艇,能够携带 MK48 Mod 7 先进性能有线制导鱼雷、短程对陆攻击战术导弹、美制“战斧”远程巡航导弹和未来小型无人驾驶潜艇(UUV)[③]。此外,它还将拥有一系列以往任何一国常规潜艇都可望而不可及的特别功能,即“通过充分发挥其优越的隐形优势和超强的作战能力,来执行一定的战略使命”[④]。2013 年最新发布的国防白皮书显示,2009 年以来,澳政府已经投入了 2 亿多美元用以资助新潜艇计划的设计、建模,技

---

① Australia’s Collins Class Subs, Submariners on Track for Upgrades [N/OL]. (2005－11－15) http://defenceindustrydaily.com.

② 参见 Defending Australia in the Asia Pacific Century: Force 2030,第 70－71 页。

③ UUV 可以延长其作战半径,并执行包括渗透和反封锁在内的特种作战任务。它还能遂行水雷探测、情报搜集等多重使命,并依靠其“极其可靠的实时信息交互能力”,为本艇和友艇的对岸攻击提供快速而准确的信息反馈,并成为网络战的一个重要环节。

④ 新潜艇将具备发射对陆巡航导弹,对敌纵深重要工业设施、经济中心和军事基地进行突然打击的能力。

术分析和研究。①

3. 具备远征能力的两栖及海上支援大队

澳大利亚地理位置独特，四面环海，周边岛屿众多，主要集中在北面和东北面，为了更好参与国际灾难救助和人道援助，干预亚太地区事务，投送部队到冲突区，澳皇家海军于 2000 年 3 月成立了两栖及机动支援大队。下设两栖登陆运输中队及机动支援中队，负责为澳海军提供两栖作战与海上机动支援兵力。

两栖及海上支援大队所辖兵力包括：2 艘满载排水量 8 586 吨的“新港”级两栖登陆舰（即“卡尼姆布拉”和“曼努拉”号）；1 艘改进后的圆桌型登陆舰；1 艘湾级登陆舰；3 艘巴厘巴板级重型登陆艇；1 艘叶级补给油船；1 艘迪朗斯河级辅助补给油船。②

此外，两艘正在建造的具备隐形功能的“堪培拉”级多用途两栖攻击舰（the Canberra Class LHD）未来将很快进入澳皇家海军序列③。该舰由西班牙纳凡蒂亚公司（Navantia）和澳大利亚 BAE 海洋系统公司（BAE Systems-Maritime）合作建造，采用隐身单舰岛全通甲板设计，舰由上而下布局 4 层，分别为大型飞行甲板层，轻型车库和机库层，船坞和重型车库层和居住层（包括舰员住舱和医院）。堪培拉级全长 230.82 米，宽 32 米，吃水 7.08 米，其飞行甲板长 202.3 米、宽 32 米，有 6 个直升机起降站位，可同时起降 6 架直升机，满载排水量 2.75 万吨，标准航

---

① 参见 Defendce White Paper 2013，第 82 页。

② 参见Jane's Fighting Ships 2010—2011，第 32、33 页及澳皇家海军网站。

③ 参见Jane's Fighting Ships 2010—2011，第 34 页。有关“堪培拉”级多用途两栖攻击舰的详细资料可进一步参见澳皇家海军网站：http://www.navy.gov.au/fleet/ships-boats-craft/lhd；亦可参阅谭正平：《“堪培拉”级多用途两栖攻击舰》，《当代海军》，2008 年第 4 期，谭正平、关福民：《两栖及机动支援部队》，《当代海军》，2008 年第 9 期。

速19节，经济航速15节，最大航速20.5节，标准航程9 000海里/15节自持力50天，舰员编制243人，可超编36人，最多运输部队1 124人。此外“堪培拉”级还设计有滑跳甲板，这一装置是两栖攻击舰和航空母舰的完美结合，为未来F-35B“闪电B”战斗机直接上舰奠定了基础。两艘“堪培拉”级新一代多用途两栖攻击舰服役之后，将使澳大利亚皇家海军拥有远东地区最大舰船，成为澳大利亚“增强舰队”和“未来舰队”的旗舰，大大增强澳海军远征作战能力和海外兵力投送能力。①

4. 海军航空兵②及陆基海事飞机

澳皇家海军航空兵部队(航空兵大队)与水面作战舰艇大队、潜艇作战大队统称为澳大利亚皇家海军的三驾马车。目前的装备是清一色的各型直升机，暂时没有固定翼飞机，未来可能会装备澳大利亚参与研制的F-35B“闪电B”战斗机。澳皇家海军航空兵大队，作战归舰队司令部指挥，与其他作战部队大队组成合成部队，互相支援，协同作战，负责提供建制航空兵力，投入海空作战。

澳海军航空兵部队所辖兵力包括：第723中队，装备AS 350BA松鼠轻型多用途直升机和贝尔429培训和多用途直升机；第816中队，装备西科斯基飞机公司(美国)生产的S-70B-2海鹰反潜直升机；第NUSQN 808大队，装备欧洲直升机公司

① 堪培拉号的船体已于2012年10月17日抵达澳大利亚，预计2014年1月服役，另一艘阿德莱德号也将于2015年6月服役。

② 参见Jane's Fighting Ships 2010—2011，第31页；有关澳海军潜艇部队详细资料亦可进一步参见澳海军网站 http://www.navy.gov.au/fleet/aircraft/current-aircraft, http://www.navy.gov.au/fleet/aircraft/future-aircraft；另可参阅谭正平：《清一色直升机的海军航空兵》，《当代海军》，2008年第7期。

制造的 MRH 90 多用途直升机。[①] 澳政府已经批准了超过 30 亿美元采购 24 架 MH－60R 海鹰"罗密欧"型海军战斗直升机的计划。它们将装备能够发射空对海导弹和 Mark 54 型反潜鱼雷的精密作战系统。24 架"罗密欧"至少可以为包括"安扎克"级护卫舰和新型防空驱逐舰在内的 8 艘军舰提供战斗直升机。[②]

除了海军航空兵之外，澳国防军还拥有实力可观的陆基海上空中力量，负责实施海上监视、侦察、反潜作战、海上打击及海上搜索救援等任务。主要包括 6 架波音公司生产的 E－737"楔尾"预警机，18 架洛克希德公司生产的 AP－3C 猎户座海上巡逻机，68 架麦道公司的 F/A－18 黄蜂式战斗攻击机，24 架波音 F/A－18F 超级大黄蜂等。[③] 未来澳大利亚还将采购 3 个作战中队的 F35A 联合攻击战斗机，以及 12 架 EA－18G"咆哮者"电子攻击机。[④]

5. 众多基地构成海军有力支撑点

坐落在太平洋和印度洋之间的澳大利亚拥有许多天然良港，其沿海地区星罗棋布地布满了大型的海军基地和港口设施，形成一道从东到西，由南到北的港口圈。澳主要海军基地和港口有东部沿海的布里斯班海军基地，东南沿海的堪培拉哈曼海军通讯站、悉尼海军基地（包括企鹅海军基地、库塔巴尔海军基地和白腹秧鸡海军基地）、瑙拉信天翁海军航空站、杰维斯湾克勒斯威尔海军站、西港湾的萨贝拉斯海军站、霍巴特海军基地，西南沿海珀斯的斯特灵海军基地，南部沿海的阿德莱德海军基

① 参见 http://www.navy.gov.au/about/organisation/fleet-air-arm。
② 参见 http://www.navy.gov.au/fleet/aircraft/future-aircraft。
③ 参见Jane's Fighting Ships 2010—2011，第 31－32 页。
④ 参见 Defendce White Paper 2013，第 88 页。

地，北部沿海达尔文海军基地(又名库纳瓦拉海军基地)和凯恩斯港。2011 年 11 月，在吉拉德和奥巴马公布的军事合作新协议中，澳方同意开放布里斯班、珀斯和达尔文基地给美国使用，这不仅为美国“空海一体战”提供了战略纵深，而且为美方提供了强大的后勤补给基地，生动地体现了澳大利亚作为美国亚太战略“南锚”的关键角色。因此，有舆论称，这实际上让美国在澳领土上建立了一个剑指中国的“军事基地”。

第五节 对中国的影响和相应的对策建议

在日益稳定成长的中澳经贸与外交关系中，双方友好关系的发展仍有来自于美国亚太安全机制，以及美澳军事安全同盟和日澳准军事同盟的限制。因此，在澳大利亚海军政策与美国亚太安全战略相互连接的情况下，中国如何应对，并持续维持双方稳定的经贸关系，是摆在我们面前的一种现实挑战。澳大利亚一方面在经济上越来越依赖于中国，但另一方面却又在政治与军事上一步一步倒向美国。这也就意味着澳大利亚试图通过澳美同盟和日澳安保条约这种政治与军事方面的合作机制来对冲其经济上过于依赖中国的风险。

于是，我们看到澳政府 2009 年国防白皮书中第一次将中国视为战略对手，甚至有媒体爆料说其中还有一个未发布的秘密章节具体描述了与中国开战的计划——若中美在南海开战，澳大利亚海军将协助美国第七舰队封锁中国在南海的贸易通道。① 而

① 参见许少民:《中澳:非敌非友，不冷不热》，《阳光》，2012 年第 130 期；李欧、王晓雄:《澳大利亚对华作战计划曝光》，《环球时报》，2012 年 06 月 5 日。

从澳皇家海军现有的实力来看，在战时，澳海军的“安扎克”级直升机护卫、“阿德莱德”级导弹护卫舰可与即将入列的“堪培拉”级两栖攻击舰、“霍巴特”级防空驱逐舰等组成强大的混合编队，前出至中国南海，使用舰载机和伴航舰艇上装备的各种先进的防空、反舰、反潜武器，攻击和消灭企图闯入马六甲峡海域内的敌方飞机、潜艇和水面作战舰艇等。此外常驻西部珀斯基地的澳海军6艘先进“科林斯”级潜艇也能帮助美国人封锁中国在印度洋和南海的贸易通道。前述相关计划涉及在远离中国的区域进行封锁，但目的是控制中国的海上生命线，使中国工业生产所依赖的各种自然资源的运输中断。另外澳皇家海军完善的基地网可以提供给美军使用，尤其是距离中国南海较近的北部海空基地，不仅有利于美军加强对马六甲海峡的控制，而且使得美国对包括南海在内的整个亚太地区的机动能力和战略威慑力得到大幅提升。

归纳起来看，澳皇家海军现有实力及未来规划的力量可能对中国海洋安全构成威胁的大致有三。一是其潜艇部队可以协助美国甚至单独封锁马六甲海峡和印度洋，切断中国目前的海上生命线；二是其反潜实力比较突出，无论是澳皇家海军以“安扎克”级、“阿德莱德”级和未来的“霍巴特”级为主组成的水面作战大队，还是其 AP－3C“猎户座”海上巡逻机(未来的 P－8A 海上巡逻机)、“楔尾”预警机和波音 EA－18G“咆哮者”电子攻击机，均能对中国的核潜艇和常规潜艇构成严重威胁；三是其完善的海军基地网能够提供给美国这样的海洋大国使用，成为对中国进行战略牵制的前沿性阵地。

不过，即使澳国防白皮书确实可能有这样的秘密章节，但实事求是地分析，中澳直接爆发冲突的可能性还是微乎其微。只是说，随着中国的日益崛起，中国已经变成了国际社会的“自变量”，深刻地改变了亚太地区的权力格局，加上中国国防与军事透明度还有待提高，作为“因变量”的澳大利亚难免有些忧虑。实质上，澳中关系的发展在最终还是受到中美关系的影响。所以中美关系好的时候，堪培拉就比较放心；然而，中美关系发生紧张的时候，堪培拉也会觉得忐忑不安。随着奥巴马开始第二个任期，以及2013年美新任国务卿克里的访华，中美关系有所缓和。于是澳工党吉拉德政府最新发布的2013年国防白皮书，在《亚洲世纪中的澳大利亚》白皮书承认这一事实，即“任何旨在阻止中国军力增长的政策都是行不通的”基础上，进一步对华释放出一定的善意。新版白皮书不再提“中国威胁”，并言不由衷地声称不在美中之间做选择和鼓励中国和平崛起。

有鉴于此，我们首先应该稳定并深化中美之间的新型大国关系，在中美战略与经济对话之外增加防务和安全层面的对话，丰富战略对话内涵，增加中美战略互信，避免出现战略误判。按照布赞的观点，安全、安全化与主体间性密切关联。安全议题的设定、安全化也必须被作为一种“主体间性(intersubjective)”的过程来理解。而领会安全化的动力和过程，其意义更加重大，因为如果人们知道谁能够、在涉及什么问题和什么条件下“制造”安全，行为主体之间的互动就有可能被调整和改变，并由此抑制或打破安全困境。① 所以管理中美的战略竞争和分歧，避免安全困境的出现，需要我们强化中美之间的对话机制以化解各自的战略疑虑。而且即使中美之间确有分歧和矛盾，但正如习近平同志在接见美国国务卿克里时所指出的：宽广的太平洋两岸有足够空间容纳中美两个大国。② 另外以目前两国经济的发展

---

① 参见巴里·布赞、奥利·维夫、迪·怀尔德著，朱宁译：《新安全论》，浙江人民出版社，2003年，第42-43页。

② 参见《太平洋两岸足够容纳中美两个大国》，《解放日报》，2013年4月13日。

速度来看,随着时间的推移,中美两国的实力差距将日益缩小,可以说,时间在中国这边,我们完全可以韬光养晦、静观待变,犯不着匆匆忙忙去挑战美国在亚太地区的支配性地位。事实上,只要中美关系稳定,中澳关系就不会出现大的动荡。这是我们处理中澳关系,化解澳大利亚主动促成并追随美国"重返亚太"及"亚太再平衡"战略给中国带来的外交和安全压力的起点。

其次,我们应该从地缘经济学的角度,运用高铁战略来推动欧亚大陆的经济整合。欧亚大陆的经济整合,有助于作为海陆复合型国家的我们,利用我国紧贴欧亚大陆"心脏地带"的独特地理优势,建立一个与环太平洋经济整合之间的对冲,进而提升中国在国际政治经济大格局中的战略地位。在21世纪,环太平洋经济整合代表着海权时代的发展方向;而推动以高铁为支柱的欧亚大陆经济整合将带来一个陆权时代。当海权与陆权并行时,中国就可以在其全球战略态势上建立起一个对冲的局面。如此一来,"对中国而言,21世纪既可以是一个太平洋世纪,也可以是一个欧亚大陆的世纪,更可以是二者并存的世纪。如果环太平洋国家对中国有敌意,中国就西进,致力于欧亚大陆的经济整合;如果欧亚大陆国家对中国有敌意,中国就东进,致力于环太平洋的经济整合。如果两边都对中国展现善意,中国可以同时推动两边的发展。"①此外,我们也可以加快建立经缅甸与巴基斯坦(瓜达尔港)往印度洋的通道,以降低对马六甲海峡的依赖。长远来看,一旦中国推动并实现了欧亚大陆经济整合,中国就很容易将注意力和发力点在环太平洋与欧亚大陆之间根据自身战略的需要来回移动,从而"使中国的海洋性与大陆性达到

① 参见高柏等:《高铁与中国21世纪大战略》,社会科学文献出版社,2012年,第1-19页。

相对平衡，回归地理本性”。[①] 如此一来，澳大利亚等环太平洋国家就会逐渐认识到要想不在经济利益上受损，最好不要在政治与安全保障和南海问题上挑衅中国。

再次，我们可以而且应该通过国防白皮书、新闻发布会、政府工作报告和国防部网站等多种形式和途径，提高中国国防和海军建设的透明度。同时，我们还可以通过多种途径增加军事互信，化解包括澳大利亚在内的周边国家的战略疑虑。事实上，中国与澳大利亚之间已经有了防务战略磋商机制。但我们应该努力将之提高到日澳之间的合作水平，中澳之间完全可以建立防长加外长的“2＋2”定期会晤机制。毕竟从地缘战略角度来讲，中澳两国陆海领土都不相邻，在国家安全上互不威胁，不存在“安全困境”。此外，我们还可以通过互访、联合军演等形式，加大双方海军的交流力度，这不仅可以增进相互了解，而且可以帮助我们认清自身的优势和短处。

最后，对于中国这样的大国来说，止战还需能战，和平也永远只可能是武装和平，因此从长远和根本的角度来说，我们还是应该大力加强国防建设，打造强大的蓝水海军。从对澳的角度来说，一方面我们应该加快三亚海军基地建设，使之能够具备航母和核潜艇的停靠能力，这样便能加强对南海和马六甲海峡的威慑能力；另一方面也应加快文昌的航天发射场建设，这样中国的战略导弹便能实现对澳全境的覆盖，增加对澳境内各种军事基地的威慑能力。另外，我们还应针对澳皇家海军的潜艇建设规划，大力加强我国海军相对薄弱的反潜能力建设。《司马法》曰：“国虽大，好战必亡；天下虽安，忘战必危”。对于中国这样经济十分依赖海上通道的大国来说，强大的蓝水海军乃是保障和平与自身利益的关键。

---

① 参见高柏等：《高铁与中国21世纪大战略》，序言。

后　记

海权在军事上是指一个国家运用军事手段对海洋的控制力。海权诞生的根源是“依赖海洋通道的外向型经济结构”的生存方式。马汉在论述海军战略时指出，在海上战略中，商业价值和军事价值是不能分割的，因为海上的最大权益就是商业。改革开放至今，中国已经融入全球经济，中国国家生存状态已从“内向型经济结构”转型为“依赖海洋通道的外向型经济结构”，中国史无前例地出现了“海上生命线”和“海外重大利益地区”的问题。面对国家生存状态的改变，中国传统的国防性质必须进行相应转变，国家安全中心开始向海洋延伸，与此同时，中国国防首次越出本土范围，此诚中华五千年未有之变局。生存状态最终决定国防性质，并影响中国海权战略之规划和海军长远建设。与此同时，中国正处于再次崛起的历史性时刻，面对着不确定的国际敌对势力的威胁和难以预测的世界前景。因此十八大报告特别指出建设海洋强国，其中必然包含着建设强大海权保护国家核心利益。当前中国海权战略的目的是维护来之不易的战略机遇期，保证周边安全，有效保证国内以经济建设为中心的国家大战略，防止中华民族的复兴伟业被中断。

中国如何成为海洋强国、从陆权走向海权，则要通过学术探讨和高层采纳形成中国的海权战略。回顾历史，中国经历了“开海”与“禁海”、“海防”与“塞防”等多轮讨论，经历了“绿水海军”、“蓝水海军”的发展规划。当今的中国对“海权战略”的讨论愈加深入。中国海权战略的形成离不开对国际环境的观察和分析。中国目前在外部环境上主要受到来自五个方向的挑战——菲律宾、越南、日本、印度和美国，为此中国必须在五个方向上设置外部挑战的底线，考虑自己的容忍度。在五个挑战因素中，美国因素支配着其他四个因素，所以，中国的战略机遇期一半取决于美国，取决于美国对中国进逼的程度。同时韩国和澳大利亚作为美国的亚洲盟友，也有着不可小觑的实力。因而，有必要对上述周边国家的外交、国防、海权战略势态作经常的跟踪研判。

本研究报告为总分结构，第一章总论主要阐述了 1663 年以来太平洋海权角逐的决定性因素，分析了太平洋海权角逐的形式、手段和困境，以及分析了中国海权形势现状。其后分论各章以国别为研究对象，以文献研究为研究方法，利用最新的前沿期刊资料、政府文件以及时事资料进行分析，对美国、日本、澳大利亚、印度、越南、菲律宾、韩国的外交、军事政策与海权战略作初步探讨，并试图提出中国未来国家发展和海权战略、海军建设方面的应对之道。

本书的国别报告以各国与中国海权战略态势的重要性、紧迫性为序。东海问题随着中日两国关系日趋紧张而越加重要。因此第一组关注了影响东亚海权战略态势的日本、美国和韩国。特聘研究员丁云宝通过对日本海权战略的分析和对日本海上自卫队实力的解析，指出了日本海权战略转变对中国的影响以及中国的对策。赵雅丹博士在研究报告中，分析了奥巴马执掌华府后的国家战略和军费缩减对海军实力的维持及未来发展的影